WILDE HORDE

Die Pferde im Wald

Katrin Tempel ist Chefredakteurin einer erfolgreichen Zeitschrift und schreibt Drehbücher und Romane. Mit »Holunderliebe« und »Mandeljahre« gelangen ihr große Publikumserfolge. Sie lebt mit ihrer Familie in der Pfalz und reitet in ihrer Freizeit am liebsten durch die Weinberge.

Katrin Tempel

WILDE HORDE

Die Pferde im Wald

CARLSEN

Für Emma – die mit mir zusammen die Idee unserer wilden Horde hatte, die meine erste Leserin war. Und die jetzt davon träumt, auf unserem Pferd ohne Sattel und Zaumzeug durch die Wälder zu galoppieren …

Außerdem in der Serie *Wilde Horde* erschienen
Band 1: Die Pferde im Wald
Band 2: Pferdeflüstern
Band 3: Seelenpferde

MIX
Papier aus verantwortungsvollen Quellen
FSC® C083411

Veröffentlicht im Carlsen Verlag
März 2021

Umschlaggestaltung: formlabor
Umschlagbilder: shutterstock.com © Simon Bratt, Callipso
Vignette: udaix, shutterstock
Corporate Design Taschenbuch: bell étage
ISBN: 978-3-551-31962-3

Miese Ferien

Zonk.

Zaz' Kopf knallte gegen die Scheibe. Der Bus war durch ein Schlagloch gerumpelt. Sie sah aus dem Fenster: Grün. Wiese, Wald, wieder Wiese, Büsche, ein Bach und dann noch eine Wiese.

Müde schloss sie die Augen und drehte die Musik lauter. Es konnte nicht mehr weit sein, bis sie ihr Landgefängnis erreichen würde.

Mit dieser Idee waren ihre Eltern erst vor ein paar Tagen angekommen. Bis dahin hatte Zaz noch davon geträumt, dass die ganze Familie dieses Jahr mal zusammen unterwegs wäre. Irgendwo, wo die Sonne schien, mit Meer, Sand und Sonnenschirm. Auf irgendeiner Reise,

die nach Sommerferien klang. Zaz hatte es sich so schön ausgemalt: mit ihrem Vater in der Achterbahn im Disneyland. Mit ihrer Mutter auf Shoppingtour oder einfach nur mit einem großen Eis am Strand. Alle drei zusammen. Lachen, Spaß haben und mal nicht über Zaz' Noten oder ihren Mangel an Freunden oder wer weiß was schimpfen. In der Schule hätte sie hinterher ganz cool sagen können: „Im Sommer? Wir waren in Kalifornien, mein Jetlag ist noch echt schlimm. Aber das wird schon, dafür habe ich surfen gelernt …"
Doch dann hatte Paps Zaz mit seinem freundlichsten Grinsen aufgeklärt, was wirklich Sache war. „Ein Sommer bei Oma, das ist doch wunderbar, Susanne. Du kannst alle Freiheiten genießen, sie hat einen wunderschönen Hof. Da ist ein Wald, ein See, und sie hat sogar noch Opas Pferde. Da willst du am Ende gar nicht mehr weg." Ihr Vater hatte sie dabei angestrahlt, als hätte er ihr ein echtes Geschenk gemacht.
Zaz kannte ihre Oma nur von Bildern, auf denen sie als kleines Baby in ihren Armen lag. Seitdem waren sie nicht mehr auf dem *wunderschönen Hof* gewesen. Angeblich war ihre Oma immer sehr beschäftigt mit ihrer Pension,

die den merkwürdigen Namen Donneracker trug, gewesen, vor allem in den Schulferien. Und deswegen waren immer nur ein paar Päckchen und hastig hingekritzelte Zeilen zu Weihnachten oder zum Geburtstag gekommen. Offensichtlich hatte es Zaz' Vater auch ohne dieses Donneracker prima ausgehalten. So wie Zaz auch. Sie hatte keine Lust auf Land. Das Leben in der Stadt war klasse. Und das hatte sie ihren Eltern auch versucht klarzumachen: „Aber ich habe in der Schule echt gearbeitet! Ich hab sogar die Fünf in Mathe weggekriegt. Da könnt ihr mich doch nicht zu Oma in die Pampa abschieben!"

Ihr Vater hatte die Mundwinkel nach unten gezogen. Das machte er immer, wenn er wütend war. „Du bist in der achten Klasse nicht sitzengeblieben. Soll das eine Leistung sein, die wir auch noch belohnen müssen?"

Zaz hatte genickt. Ja, sicher.

Er sah das anders. „Komm schon. So schlimm wird das nicht, wahrscheinlich gefällt es dir am Ende sogar richtig gut. Und wenn es dir doch langweilig wird, dann werde ich meiner Mutter sagen, dass sie dich jeden Tag eine Stunde lang Vokabeln abfragen soll. Dann wird das nächste Schuljahr bestimmt besser. Einverstanden?"

Zaz zog den Kopf ein. Diesen Ton kannte sie. Wenn man da Widerstand leistete, kam noch eine Stunde bei irgendeinem tollen Onlineprogramm für Mathematik dazu. Oder Bio. Oder irgendein anderes Fach, in dem sie nicht zu den Leuchten zählte. Und davon gab es ziemlich viele.

Jetzt mischte sich zum ersten Mal ihre Mutter ein. Sie erklärte mit sanfter Stimme: „Ach, Susannemaus. Wir würden auch lieber mit dir verreisen. Aber wir haben da einen großen Auftrag reinbekommen und müssen ein paar Wochen lang echt viel arbeiten. Du weißt doch, wie das ist …"

Zaz winkte ab. Die Arbeit. Wieder einmal. Solange sie denken konnte, ging bei ihren Eltern die Arbeit vor. Irgendeine Firma musste immer gerettet werden – und dann konnten sie nicht zur Aufführung ihrer Theater-AG kommen. Oder zu den Leichtathletik-Wettkämpfen – obwohl Zaz wirklich schnell laufen konnte. Vor allem über lange Strecken. 2000 Meter schaffte sie in gut acht Minuten. Das musste erst einmal jemand nachmachen. Tatsächlich hätte sie bei den Landesmeisterschaften mitmachen sollen – aber ihre Eltern hatten an diesem Wochenende keine Zeit gehabt. Und so war sie nicht zum Wettkampf erschienen und hatte wenig später die Sache mit dem Sportverein gelassen. Machte ja keinen Spaß, wenn sich niemand für ihre Erfolge oder ihr Training interessierte. Ihre Eltern hatten es nicht mal kommentiert, dass Zaz sich irgendwann vom Sportverein abgemeldet hatte. War ja auch egal, die Lauferei war nicht so wichtig. So wie auch die Theater-AG. Wer wollte schon ständig Texte lernen …?

Und jetzt war sie also unterwegs zu Oma. Kein Kalifornien, kein Surfen, kein Meer weit und breit. Ihre Eltern waren wieder einmal nicht dabei. Dafür gab es hier Wald.

Sie sah wieder aus dem Fenster: sehr viel Wald. Dichtes Unterholz, dicke knorrige Laubbäume, Schneisen, in denen sich die Sonnenstrahlen fingen. Einige wenige finstere Nadelbäume. Am Waldrand Gestrüpp und jede Menge Unkraut. Das sah hier wahrscheinlich seit der Steinzeit so aus.

Weit konnte es nicht mehr sein. Der Bus polterte erneut durch ein Schlagloch, fast hätte sie sich den Kopf noch einmal angeschlagen.

Zaz lehnte sich zurück, drehte die Musik noch einen Strich lauter und starrte aus dem Fenster. Vielleicht verschwand dieser Wald ja, wenn sie ihn nur böse genug ansah.
Urplötzlich tauchten zwischen den Baumstämmen Pferde auf und jagten neben dem Bus her. So, als würden sie sich ein Wettrennen mit ihm liefern. Eines war schwarz, eines braun, ein anderes weiß, eines rötlich – und ein fettes Pferd galoppierte ein Stück weiter hinten. Das hatte es wohl nicht eilig – oder es kam den anderen nicht so schnell hinterher. Einige Sekunden lang fragte sich Zaz, ob es Wildpferde sein könnten. Gab es die hier auf dem Land noch?
Für Pferde hatte sie nicht sehr viel übrig. Das überließ sie den schicken Mädchen in ihrer Klasse, die sich gerne über ihre Lieblinge in der Reitschule unterhielten. Aber dann entdeckte sie ein paar Gestalten, die eng an die Tiere geschmiegt auf den Pferderücken saßen. Sie verschwanden fast hinter den flatternden Mähnen. Eines der Pferde riss den Kopf hoch, und einen winzigen Moment lang sahen Zaz und das Tier sich in die Augen.
Doch noch bevor sie sich überlegen konnte, ob ein Pferd sie wirklich durch ein Busfenster erkennen konn-

te, schwenkte die ganze Horde wie auf einen geheimen Befehl hin nach rechts und verschwand im Wald.
Einen Moment später war Zaz sich nicht einmal mehr sicher, ob sie die Pferde überhaupt gesehen oder ob sie sich das alles nur eingebildet hatte. Sie sah sich im Bus um. Ein knutschendes Pärchen in einer Ecke, eine schwitzende ältere Dame, zwei Jugendliche mit sturem Blick auf ihr Handy. Von denen hatte bestimmt keiner diese Pferde gesehen.
War ja auch egal. Pferde waren einfach nicht ihr Ding. Früher mal, da wollte sie unbedingt zum Reiten, so wie viele Mädchen aus der Klasse. Aber ihre Mutter hatte nur erklärt, dass sie keine Zeit hatte, um sie regelmäßig in einen Stall zu fahren. „Das musst du doch verstehen." Diesen Satz hörte Zaz häufig.
Nur ein paar Minuten später bremste der Bus, und der Fahrer drehte sich zu ihr um. „Zeit zum Aussteigen, kleines Fräulein!"
Blöde Anrede! Klar, ihre Mutter hatte ihm mehrfach erklärt, dass ihr Töchterchen hier rausmusste. Sie hatte wohl Angst, dass Zaz womöglich das große Abenteuer hier im Nirgendwo verpasste. Dabei war sie durchaus in

der Lage, eine Bushaltestelle zu erkennen. Immerhin war sie schon dreizehn.

Sie nahm den albernen Rollkoffer und ging Richtung Bustür. Der Busfahrer grinste und nickte ihr aufmunternd zu.

Dann brauste der Bus davon, und Zaz stand allein an einer Kreuzung. Eine schmale Straße zweigte hier von der Hauptstraße ab und führte über eine Wiese direkt in den Wald – ein windschiefes Schild sagte auch, wohin: *Pension Donneracker.*

Bingo, das war dann wohl Omas Hof.

Ihre Mutter hatte ihr immer wieder erklärt, dass Oma sicher auf sie warten würde. Leider war hier aber niemand.

Zaz griff nach ihrem Handy. Das Rädchen auf dem Display drehte sich, das Ding suchte endlos nach Empfang. Den es nicht gab.

Seufzend schaltete sie das Handy wieder aus.

Wenn das hier nicht der Arsch der Welt war, dann konnte man ihn von hier aus wenigstens gut sehen.

Nachdem das Empfangskomitee offensichtlich nicht erschienen war, machte sich Zaz alleine auf den Weg. So weit konnte es ja zu dieser Pension schließlich nicht sein.

Sie lief über die Wiese in den Wald. Der Rollkoffer holperte hinter ihr her, kleine Steinchen sorgten dafür, dass die Räder immer wieder blockierten. Das Teil passte ja vielleicht in die Welt ihrer Eltern mit all den sauberen Bahnsteigen und glatten Flughafenböden. Hier machte es Zaz das Leben allerdings zur Hölle. Warum holte sie eigentlich keiner ab? Die Wipfel der alten Laubbäume berührten sich, sodass der Weg durch den Wald fast wie ein Tunnel wirkte. Immer wieder verschwanden links und rechts schmale Pfade im Dickicht, einige sandig, andere mit Gras bewachsen. Auf einem von ihnen entdeckte sie einen Hufabdruck. Offenbar hatte sie die Sache mit den Pferden doch nicht geträumt.

Nach einer kleinen Ewigkeit bog sie um die letzte Kurve und stand nun vor dem Hof. Er war weniger groß, als sie gedacht hatte. Nur ein Fachwerkhaus, an dem Rosen emporrankten. Vor den Fenstern dunkelgrüne Fensterläden, eine große Terrasse. Auf der saßen ein paar Leute, offensichtlich Gäste. Lauter alte Knacker, wahrscheinlich schon tot oder kurz davor, einbalsamiert zu werden. Zaz' Hoffnung, dass in diesem Hotel vielleicht auch der ein oder andere vernünftige Mensch – also jemand in ihrem Alter – zu Gast sein könnte, zerfiel zu Staub. Nein. Das hier war die Gruft der lebenden Mumien.

Eine Holzscheune neben dem Haupthaus wirkte verlassen: Spinnweben überall, das Tor halb offen, eine Leiter mit fehlenden Sprossen lehnte an der Wand.

Gerade als sie sich das genauer ansehen wollte, erklang eine energische Stimme. „Susanne? Susanne, bist du das?"

Sie drehte sich um und sah eine drahtige Frau mit sehr kurzen, leuchtend roten Haaren. Auf dem letzten Foto ihrer Oma, an das Zaz sich erinnern konnte, waren sie noch lang und blond gewesen. Aber das war ja auch ein paar Jahre her.

Statt einer Antwort nickte sie nur und ging der Frau entgegen. Nicht zu schnell.

„Zaz. Ich heiße Zaz", erklärte sie.

Die Frau musterte Zaz von oben bis unten und nickte. „Ja, so hat deine Mutter dich beschrieben. Schön, dass du da bist!" Mit einem schiefen Lächeln fuhr sie Zaz durch die Haare. „Nenn mich doch bitte Tine. Du musst mir versprechen, dass du mich nicht Oma nennst, okay?"

Sie deutete auf die Haustür. „Komm, ich zeige dir dein

Zimmer. Vielleicht magst du dich ein bisschen frisch machen, bevor ich dir Donneracker genauer zeige?"

Frisch machen. Tine kam wirklich aus einem anderen Jahrhundert. Aber Zaz folgte ihr brav in den Hausflur und zwei lange Treppen nach oben. Dabei fluchte sie leise über das Gewicht des Rollkoffers. So hatte sie ihn sicher nicht gepackt. Was hatte Mum da noch reingetan? Steine?

Am Ende eines endlosen Ganges drückte Oma eine Tür auf. „Hier ist dein Zuhause für die nächsten drei Wochen. Das Bad ist gleich nebenan. Ich habe mir gedacht, du möchtest ein bisschen Platz für dich haben, deswegen habe ich dich hier hinten einquartiert. Deine Mutter meinte, du bist gerne mal alleine …"

Das war die Untertreibung des Jahres. Zaz war froh, wenn sie nur sich selbst zur Gesellschaft hatte. Sie verstand sich eben am besten mit sich selbst. Kein Witz.

Das Zimmer hatte ein schräges Dachfenster, durch das die Sonne einen großen Lichtfleck auf ein breites Bett malte. Ein Tisch an der Wand und ein großer Schrank vervollständigten die Einrichtung. Auf dem Tisch stand ein Strauß aus Wiesenblumen.

Zaz räusperte sich. „Hübsch. Danke, Tine." Irgendwas musste man ja sagen.

Die winkte lässig ab. „Den habe ich heute Morgen für dich gepflückt. Aber in den nächsten Wochen musst du dir selber Blumen suchen, wenn du es hübsch haben willst." Damit drehte sie sich lächelnd um. „In zwei Stunden gibt es Abendessen. Wenn ich dir vorher Donneracker zeigen soll, komm einfach in die Küche. Da mache ich das Abendessen für meine Gäste."

Die Mumien aßen also etwas. Ein Hinweis darauf, dass sie noch nicht ganz tot waren.

Als Zaz nichts erwiderte, verschwand Tine ohne einen weiteren Gruß.

Zaz schob ihren Rollkoffer neben das Bett und sah sich um. Das Zimmer blieb so langweilig, wie es auf den ersten Blick ausgesehen hatte. Mit zwei Schritten war sie am Fenster und riss es auf. Das Dach war flach und bemoost. Probehalber kletterte sie hinaus. Ging gut. Sie konnte sogar ziemlich schnell zur Regenrinne vorkriechen. Ein Blick nach unten zeigte ein Klettergerüst für die Rosen. Zaz konnte also zu jeder Tages- und Nachtzeit raus.

Wenn ihr nur einfallen würde, was sie da draußen eigentlich sollte. Außer laufen.
Gute Idee. Sie kletterte zurück und rubbelte an einem grünen Fleck herum, der jetzt ihre Hose zierte. Dann wühlte sie in ihrem Koffer nach den Laufschuhen und der Hose. Dabei fand sie die liebevolle Gabe ihrer Mutter: Die hatte alle Schulbücher eingepackt. Ein Zettel klebte auf dem Mathebuch: *Jeden Tag eine Stunde, okay?* Daneben ein Smiley. Als ob es das besser machen würde. Zaz zog sich schnell um, setzte die Kopfhörer auf und lief die Treppe hinunter. Ein Stockwerk tiefer kamen ihr zwei lachende Frauen entgegen, die dann in einem der Zimmer verschwanden. Wenigstens die beiden hatten ihren Spaß. Zaz schnaubte leise und verschwand auf dem erstbesten Weg in den Wald. Wenn die Welt fies zu ihr war, dann half nur noch das Laufen. Und heute fühlte sich die Welt ganz besonders gemein an.
Am Anfang rannte sie, so schnell es nur irgendwie ging. Aber als sich nach ein paar Minuten heftiges Seitenstechen bemerkbar machte, schaltete sie einen Gang zurück. Eigentlich kannte sie das ja: Wenn man weit kommen wollte, dann machte es keinen Sinn, schon ganz

am Anfang alle Kräfte einzusetzen. Die Musik gab den Takt vor, und sie fing an, in ihrem ganz eigenen Tempo zu traben.

Der Boden zwischen den hohen Laubbäumen war weich. Kleine Staubwolken zeichneten sich in den schräg einfallenden Sonnenstrahlen ab, es roch nach warmem Harz. Zaz war die Idylle egal. Sie stellte sich vor, wie sie bei jedem Schritt einen kleinen Tritt loswurde.

Einen Tritt für ihre Eltern.

Einen für den idiotischen Koffer voller Bücher.

Einen für die Schule.

Einen für Oma Tine und dann noch einen für den Blumenstrauß.

Und weil sie gerade dabei war: auch einen für den Busfahrer.

Ganz allmählich ging es Zaz besser.

Der Weg wurde schmaler und teilte sich. Ohne darüber nachzudenken, wählte Zaz den rechten Weg, bei der nächsten Gabelung ging es weiter nach links. Die Laubbäume wechselten sich hier mit dunklen Fichten ab, jetzt roch es nach Tannennadeln und ganz leicht nach Pilzen. Die Sonne kam hier nur noch selten auf den Boden.

Leider schenkte sie diesen Abzweigungen keine besondere Aufmerksamkeit. Ein Fehler.

Denn noch einmal zehn Minuten später dämmerte es Zaz langsam, dass sie den Weg zurück zur Pension so schnell nicht mehr finden würde. Sie drehte um, rannte an einem Birkenwäldchen vorbei, das ihr bekannt vorkam. Danach rechts, über einen kleinen Bach. Ein Bach? Der war vorher nicht da gewesen. Also wieder zurück und nach links. Dieser Weg führte über eine Lichtung in noch tieferes Unterholz. Sie hatte keine Ahnung, ob sie hier schon einmal gewesen war. Trotzdem trabte sie weiter und stieß auf einen breiten Weg, der an einer Wiese entlanglief und ihr völlig unbekannt vorkam – aber die Himmelsrichtung war wenigstens richtig. Also los.

Der Wiesenweg war feucht vom Tau, ihre Laufschuhe wurden nass. Es wurde allmählich Abend. Oma Tine wartete sicher schon mit dem Essen und der angekündigten Führung auf Zaz.

Als der Hof zwischen den Bäumen auftauchte, war sie erleichtert. Der Wald in der Nacht hätte Zaz echt Angst gemacht – und inzwischen war die Dämmerung schon angebrochen. Aus den vielen unterschiedlichen Bäumen

war eine einzige, bedrohlich dunkle Masse geworden. Sie lief die letzten Meter schneller und sprintete über die Terrasse. Die Gäste sahen ihr überrascht hinterher.
Sie rannte schnell weiter in die Küche. Oma Tine stand am Herd und schien in allen Töpfen gleichzeitig zu rühren. Sie nickte nur mit dem Kopf in Richtung eines Tischs. „Kannst du rasch das Baguette schneiden? Das Ehepaar Kleinschmidt wartet schon länger darauf." Sie hatte sich ganz offensichtlich keine Sorgen um ihre Enkelin gemacht, wahrscheinlich nicht einmal gemerkt, dass sie weg gewesen war.
Als der Brotkorb voll war, nahm Zaz ihn in die Hand und sah ihre Großmutter fragend an: „Und wer sind jetzt die Kleinschmidts?"
Oma Tine lachte. Ein ziemlich lautes Lachen für eine ältere Dame. „So wie du aussiehst, solltest du ihnen lieber nichts bringen … Danke, du hast mir genug geholfen. Setz dich und nimm dir was zu essen." Sie musterte Zaz einen Augenblick lang und zog eine Augenbraue nach oben. „Du magst also Sport?"
Dann lächelte sie, schnappte sich den Brotkorb und verschwand auf die Terrasse. Zaz sah in die Töpfe und

nahm sich ein wenig Nudeln, Gulasch und den Rest des Baguettes.

Tine kam dazu und nahm sich auch ein Stück Brot. „Normalerweise habe ich jemanden, der mir hilft, wenn es ans Abendessen geht. Frau Kolbe ist aber heute krank geworden, und dann wird es immer ein bisschen stressig." Sie musterte Zaz neugierig. „Du warst also joggen?", machte sie einen neuen Anlauf.

Zaz nickte. Was sollte man auf so eine Frage antworten? *Ja, ich laufe gerne. Weil man da mit sich allein ist und niemand fragt, warum man keine Freunde hat. Warum man nicht ein bisschen netter sein kann. Warum man es sich so schwer macht.* Lauter Fragen, die ihre Mutter gerne stellte und auf die Zaz keine Antworten hatte. Wie sollte man nur erklären, dass die anderen in der Schule zu brav und zu langweilig waren? Und dass ihre Mitschüler sich allesamt schon in Cliquen zusammengefunden hatten, als ihre Eltern das letzte Mal umgezogen waren, weil es ihr Job von ihnen verlangt hatte? Nein. Sie lief einfach gerne. Das musste reichen.

Sie aßen schweigend, bis Zaz den Stuhl zurückschob. „Ich geh mal in mein Zimmer. Ich muss noch duschen …"

Tine nickte. „Sicher, wir sehen uns dann zum Frühstück. Und denk dran: Du kannst immer zu mir kommen, wenn irgendwas nicht stimmt. Wir kriegen den Sommer schon rum, nicht wahr?"
Zaz rang sich ein Lächeln ab und verschwand. Es war noch nicht einmal neun Uhr, und ihre Großmutter redete vom Frühstück. Was machte man hier abends? Gab es hier wenigstens Fernsehen?
Im Gang stand ein Mann und sah ihr entgegen. „Ich habe ein Zimmer reserviert …"
Zaz deutete in Richtung der Küche. „Meine Großmutter hat bestimmt gleich Zeit für Sie."
Während sie die Treppe nach oben lief, sah sie sich in den Gängen genauer um. Diese Pension hatte bestimmt zwölf Zimmer, wenn nicht mehr. Ob die wirklich alle immer besetzt waren?

Hinter jedem Baum eine Überraschung

Die Sonne schien direkt ins Zimmer. Zaz wachte auf und zog sich ein paar Minuten lang die Decke über die Ohren. Aber die Vögel hatten offenbar diesen Morgen für ihr ganz großes Konzert ausgewählt. Sie brüllten, als gäbe es dafür einen Preis. Zaz stöhnte. Sie war wirklich nicht der Typ fürs Land.

Entnervt sah sie aus dem Fenster. Von der Terrasse her konnte man die Gäste hören. Die waren schon wieder beim Essen – und zugegeben, Zaz spürte selbst einen nagenden Hunger.

Sie schlüpfte in ihre Jeans und ein T-Shirt und rannte

hinunter. Auf der Treppe überholte sie den Mann, der gestern Abend angekommen war. Offensichtlich hatte er erst Tine und dann sein Zimmer gefunden.

Es roch nach Speck und frischen Brötchen. Sie schnappte sich eins davon, dazu ein Töpfchen mit Nutella und ein Glas Milch, und setzte sich an einen freien Tisch auf der Terrasse.

Tine tauchte auf und winkte ihr zu, während sie ziemlich beschäftigt war, die Tische abzuräumen und wieder zu decken. Ihre Hilfe war offenbar noch nicht wieder aufgetaucht.

Zaz stürzte den Rest ihrer Milch hinunter und verschlang den letzten Bissen des Brötchens. Dann brachte sie Teller und Tasse in die Küche, damit Tine nicht noch mehr Arbeit hatte.

Die schaute nicht einmal auf. Sie war gerade mit ihrer Spülmaschine beschäftigt.

Zurück in ihrem Zimmer, blieb Zaz einen Moment lang ratlos stehen. Was konnte sie jetzt hier machen? Die Bücher mit Mums Zettel lagen auf dem Tisch. Da, wo Zaz sie gestern hingefeuert hatte. Aber so verzweifelt war sie noch nicht.

Stattdessen zog sie wieder ihre Laufsachen an: das verwaschene Shirt, das irgendwann mal rot gewesen war, die weichen Hosen und ihr rotes Bandana, das sie immer als eine Art Schweißband verwendete. Dann lief sie die Treppe hinunter, über die Terrasse in den Garten und rannte Richtung Wald. Bei Tageslicht würde sie sich doch sicher nicht so schnell verirren.

Im Morgenlicht sah tatsächlich alles freundlicher aus. Sie hatte zwar auch dieses Mal schnell keine Ahnung mehr, wo sie sich eigentlich befand – aber dieses Mal machte ihr das keine Angst. Wenn sie immer die gleiche Richtung beibehielt, dann musste sie doch irgendwann auch wieder aus diesem Wald herauskommen, oder? Leider waren die Pfade, Wege und Schneisen alles andere als gerade …

Der Weg führte in einer weiten Biegung durch einen dichten Wald mit buschigem Unterholz auf eine große Lichtung, die mit saftig grünem Gras bewachsen war. Zaz traute ihren Augen nicht: Da standen Pferde! Sie grasten ganz ruhig und schienen ihre Anwesenheit nicht einmal zu bemerken. Nur ein schwarzes Pferd hob kurz den Kopf und blickte misstrauisch in ihre Richtung. Zaz hielt die Luft an – aber es senkte den Kopf wieder und fraß weiter.

Waren das die Tiere, die sie schon vom Bus aus gesehen hatte? Was machten die hier? Und vor allem: Warum gab es keinen Zaun? Die Pferde konnten jederzeit einfach wegrennen. Oder waren sie vielleicht doch wild? Unwillkürlich suchte Zaz nach dem Pferd, das sie gestern angesehen hatte. Das braune. Es stand etwas abseits von den anderen vieren im Schatten am Rand der Lichtung. Zögernd nahm sie die Kopfhörer ab und lauschte. Es war unheimlich still. Die Pferde rupften beruhigend rhythmisch am Gras, ein Vogel sang sein Morgenlied. Eine Biene summte an ihrem Ohr vorbei.

Die Pferde wirkten so friedlich. So als ob sie sich von niemandem sagen lassen würden, was sie machen mussten. Zaz beneidete die Tiere. Sie durften einfach nur da sein, ohne irgendeine Verpflichtung. Zaz hatte es nicht so leicht. Ihr wollte ja immer jeder sagen, was das Beste für sie war.

Der Frieden dauerte genau einen Atemzug lang.

Dann knackte es im Unterholz direkt neben Zaz, und ein dunkler Schatten flitzte aus dem Wald auf die Pferde zu.

Und noch einer.
Tiefe Bässe wummerten über die Lichtung.
Biker! Sie standen in den Pedalen ihrer Mountainbikes und fuhren, so schnell es irgend ging, auf die Tiere zu. Es sah aus, als hätten sie es auf einen Zusammenstoß angelegt.
Wie viele waren es?
Zaz zählte zehn, es konnten aber auch zwölf sein. Sie sahen alle gleich aus: schwarze Fahrräder, schwarze Schutzkleidung am Rücken, an den Beinen und den Armen. Schwarze Helme mit Gesichtsschutz, schwere Stiefel, Handschuhe. An den Fahrrädern waren Lautsprecher montiert – daher die Musik.
Die Pferde rissen die Köpfe hoch und wollten fliehen – aber die Biker hatten sich in zwei Gruppen geteilt und jagten jetzt in einem engen Kreis um die Pferde herum.
Das schwarze Pferd stieg und wieherte.
Klang das nach Angst? Rief es um Hilfe?
Zaz war entsetzt. Musste sie den Tieren helfen? Aber wie?
Wie gelähmt sah sie dem Spektakel zu. Den Pferden, die sich mit aufgerissenen Augen in der Mitte der Lich-

tung zusammendrängten. Sie keilten aus und stiegen, aber sie konnten nicht fliehen. Die Musik wurde immer lauter.

Da riss einer der schwarz gekleideten Biker eine Hand nach oben. Auf diesen Befehl hin schwenkten alle zur Seite und verschwanden auf einem schmalen Pfad am anderen Ende der Lichtung.

Kaum sahen die Pferde ihre Chance, warfen sie sich herum und rannten los. Direkt auf Zaz zu, die sich mit einem Sprung hinter einen Baum in Sicherheit brachte. Das schwarze Pferd schoss nur wenige Zentimeter entfernt an ihr vorbei, die anderen folgten ihm. Als sie an Zaz vorbeigaloppierten, konnte sie ihren Schweiß riechen und das Weiße in ihren Augen sehen.

Täuschte sie sich, oder wurde das braune Pferd für den Bruchteil einer Sekunde langsamer, als es an ihr vorbeirannte? Spürte es ihre Anwesenheit, erinnerte es sich an den Blickkontakt am Tag vorher? Aber dann rannte es weiter, folgte dem Schimmel. Als Letztes der Gruppe kam das dicke Pferd vorbei. Die Erde bebte.

Unwillkürlich rannte Zaz den Pferden hinterher. Wo wollten sie nur hin? Vielleicht hatten sie ja irgendwo ei-

nen Stall, in dem sie sich in Sicherheit bringen konnten? Menschen, die sich um die Tiere kümmerten?
Schon nach wenigen Hundert Metern musste Zaz sich eingestehen, dass sie mit ihrem Tempo bei den Pferden nicht einmal annähernd mithalten konnte. Sie hörte nur noch das entfernte Trommeln der Hufe und sah die frischen Hufabdrücke in dem weichen Waldboden vor sich. Aber sie rannte weiter. Es konnte doch nicht so weit zu dem Zuhause der Pferde sein!
Sie war so sehr auf die Spuren auf dem Weg konzentriert, dass sie ihre Verfolger erst in dem Augenblick bemerkte, als sie ihr vor die Füße sprangen.
Ein Junge mit einer Unmenge schwarzer Locken und ebenso dunklen Augen, die vor Wut sprühten, breitete seine Arme aus. Zaz blieb erschrocken stehen und duckte sich. Dieser Wald war voller Wahnsinniger.
„Lass unsere Pferde in Ruhe! Sofort! Warum verfolgst du sie? Sie rennen durch den Wald, als wären alle Hunde der Hölle hinter ihnen her.“ Der Junge musterte sie und schnaubte leise. „Dabei ist es nur eine ganz normale Joggerin.“
Zaz spürte, wie sie unter seinen Blicken kleiner wurde.

Ganz normal! Das war genau das, was sie sah, wenn sie in den Spiegel blickte. Aschblonde Haare, die ihr über den halben Rücken fielen und die heute wieder einmal nur in einem schlampigen Pferdeschwanz-Knoten zusammengebunden waren. Ein schmales Gesicht mit einer etwas zu großen Nase, graugrüne Augen und ein Mund, der selten lächelte. Alles der perfekte Durchschnitt.

An die Seite des wütenden Jungen trat ein verschwitztes Mädchen. Typ blonde Schönheit. Locken, aber nicht zu viele. Kleines Näschen, große blaue Augen. Und genauso wütend wie ihr Freund.

„Ich würde wirklich gerne wissen, wie du es geschafft hast, dass die fünf so außer sich sind! Aber egal wie: Mach das nie wieder – sonst sorgen wir dafür, dass du mindestens genauso viel Angst hast wie sie. Wie kann man nur Spaß daran haben, friedliche Pferde zu erschrecken? Dafür muss man schon total hirnbefreit sein." Ihre Stimme überschlug sich.

„Aber …" Zaz machte einen Schritt nach hinten. Sie wollte den beiden eigentlich von den Bikern erzählen. Doch sie kam nicht zu Wort.

„Was aber?“ Der Typ mit den schwarzen Haaren folgte ihr und sah sie von oben herab an. Er war bestimmt einen Kopf größer als Zaz. „Was aber? Du bist leider nicht fähig zu erkennen, wenn ein Tier Angst hat, weil du immer nur mit rosa Plüschtieren spielst? Weil du so mitfühlend wie ein Kieselstein bist? Lass stecken. Verzieh dich einfach und komm nie wieder.“ Damit drehte er sich um und verschwand auf einem der kleinen Pfade im Wald.

Die blonde Schönheit zischte: „Ich hoffe, du hast das verstanden!“, drehte sich ebenfalls um und folgte ihm.

Verwirrt blieb Zaz auf dem Weg stehen. Sie hörte noch ein paar Ästchen knacken, während das merkwürdige Paar zwischen den Bäumen verschwand. Dann war es still. Die Pferde waren längst über alle Berge. Oder hinter allen Bäumen.

Die Vögel sangen wieder, sie hörte in der Ferne das Klopfen eines Spechts, ein Schmetterling gaukelte über den grasigen Weg. Langsam drehte sie sich einmal um die eigene Achse. Überall Wald. Es war wie gestern. Nur schlimmer: Zaz hatte nicht einmal die blasseste Ahnung, in welche Richtung es nach Hause ging. Wie groß war

dieser verflixte Wald? Und warum gab es hier keine Wegschilder? Oder wenigstens Wanderzeichen?
Zögernd folgte sie ihren eigenen Spuren zurück. An einer breiten Schneise verschwanden sie. War sie hier einfach drübergerannt? Oder waren die Pferde eine Zeit lang der Schneise gefolgt? Sie konnte sich nicht erinnern. Ein Blick zum Himmel half auch nicht weiter. In den Filmen wussten die Helden dann immer sofort, in welche Richtung man gehen musste. Zaz sah nur die Sonne, es war also noch Tag. Toll. In der Schule hatte sie doch diesen Spruch gelernt: „... im Süden nimmt sie ihren Lauf." Also wusste sie jetzt, wo Süden war. Das half ihr aber auch nicht.
Langsam lief sie weiter. Hier gab es keine Spuren mehr, sondern nur Gestrüpp, der Wald wurde dichter. Als würde er sie umklammern wollen. Auf diesem Weg war schon länger niemand mehr unterwegs gewesen. Also die andere Richtung. Oder doch zu dem Pfad, auf dem sie gekommen war? Sie lief zurück und konnte ihn nicht mehr finden. „Jetzt ist es offiziell", murmelte sie leise. „Die Wildnis schlägt zurück. Ich kann es hier nicht leiden – und der Urwald kann mich nicht leiden."

Ihr fielen Geschichten von Menschen ein, die wochenlang verschollen waren und sich nur noch von Käfern und Wurzeln ernährten. Dann schüttelte sie den Kopf. Blödsinn. Sie musste einfach nur in eine Richtung laufen, bis der Wald zu Ende war. Das hier war schließlich nur ein stinknormaler Wald in Deutschland und nicht der Dschungel am Amazonas.

Entschlossen ging sie weiter. Und weiter. Und weiter.

Als es hinter ihr laut knackte, schreckte sie herum. Sicher, es gab hier keine wilden Tiere. Hoffentlich. Aber sie hatte auch keine Lust, noch einmal diesen beiden schlecht gelaunten Typen zu begegnen.

Was sie sah, war fast genauso schlimm. Ein einzelner Biker. Er fuhr genau auf sie zu. Und war dabei verdammt schnell. Wegrennen war hier auf jeden Fall keine Lösung. Nur Augenblicke später blieb er vor ihr stehen und schob sein Visier nach oben.

Fröhliche blaue Augen lachten sie an. „Was machst du denn hier? Trainieren für den nächsten Marathon?"

Seine Stimme klang ebenso nett, wie seine Augen aussahen.

Verlegen zuckte sie mit den Achseln. „Ich habe keine

Ahnung, wie ich nach Hause kommen soll. Ich wohne in der Pension Donneracker …" Sie ärgerte sich, weil ihre Stimme so kläglich klang.

„Dann bist du in die komplett falsche Richtung unterwegs." Belustigt legte er den Kopf zur Seite. „Du kommst nicht hier aus der Gegend, oder?" Er war nicht sonderlich groß, seine Haare waren hellblond. Auf seinem Kinn konnte sie eine Narbe erkennen. Wahrscheinlich war seine Art des Radfahrens nicht ungefährlich.

„Nein." Sie schüttelte den Kopf. „Ich mache hier gerade Ferien auf dem Land. Leider scheint das Land mich nicht zu mögen."

„Quatsch. Du hast nur keine Ahnung, worauf du hier achten musst. Ich kenne den Wald besser als mein Wohnzimmer. Komm, ich zeige dir den Weg zurück nach Donneracker."

„Danke." Zaz versuchte ein Lächeln. „Das ist nett von dir. Ich bin Zaz."

„Ty. Wie lange bleibst du denn hier?" Er sah sie so an, als ob es ihn wirklich interessierte. Gleichzeitig deutete er in die Richtung, aus der er gerade eben gekommen war. „Wir müssen hier lang."

Sie lief neben ihm her. „Wie lange ich hierbleibe? Ewig." Heimlich sah sie ihn von der Seite an. Gehörte er wirklich zu den unheimlichen Gestalten, die vor einer Stunde noch die Pferde erschreckt und in Panik versetzt hatten? Dafür war er doch viel zu nett. Oder?

Ty legte seinen Kopf auf die Seite. „Du hörst dich an, als sei es die Höchststrafe, hier im Wald die Ferien zu verbringen. Ich versuche seit Jahren, jede freie Minute hier zu sein. Hier redet mir keiner rein, ich kann hier tun, was ich will."

Er bog auf einen schmalen Pfad ab, der sich durch dichtes Unterholz schlängelte. Zaz folgte ihm und sah nur seinen Rücken von hinten. Er war so freundlich, er konnte einfach nicht zu diesen Bikern gehören. Oder vielleicht doch? Menschenkenntnis war ganz bestimmt nicht ihre Stärke.

„Und dann fährst du ganz alleine durch den Wald?", fragte sie möglichst beiläufig.

„Nein, natürlich nicht. Wir sind 13 Biker. Treffen uns, so oft es geht, in unserer Burg." Er grinste ihr über die Schulter zu. „Die natürlich keine Burg ist, sondern ein Lager. Du musst uns da mal besuchen! Kannst du biken?"

„Nein, nein", murmelte Zaz. „Kann ich nicht. Ich habe auch gar kein Bike, auch nicht in der Stadt!"
„Fahrrad fahren wirst du doch können? Das kann jeder. Und dann kannst du auch biken, wenn du dir ein bisschen Mühe gibst!"
„Was ist der Unterschied zu einem normalen Rad?" Sie beäugte sein Bike. „Außer, dass es kleiner ist?"
„Es ist robuster, fährt auch durch Dreck und über Hindernisse. Du kannst Tricks damit machen. Schau!" Er stieg auf, kippte sein Rad auf den Hinterreifen und stand still in den Pedalen, während er seine Arme weit ausbreitete. „Tadah!"
Zaz stellte fest, dass sich unter seinem Shirt die Muskeln abzeichneten. Dieser Sport machte also ganz schön fit. Dann ließ er das Rad wieder zurück auf die beiden Reifen fallen. Zaz sah sich sein Bike genauer an. Es hatte keinen Lautsprecher. Also war er kein Pferdeschreck.
„Das kannst du alles auch lernen. Wenn du willst." Ty schob einen Zweig zur Seite, und sie standen mit einem Mal auf der Straße nach Donneracker.
„Von hier aus findest du den Weg alleine", erklärte er. „Also: Wann soll ich dich morgen abholen? Du musst in

die Burg kommen. Vielleicht wird dein Urlaub ja doch nicht so übel. Direkt nach dem Frühstück? Um neun?"

„Nein, das ist nicht nötig. Ich habe doch schon gesagt, dass ich nicht biken kann." Sie sah ihn mit zusammengezogenen Augenbrauen an. Bestimmt wollte er sich nur vor seinen Freunden über sie lustig machen.

„Das bringen wir dir schon bei. Bis morgen!"

Ty schwang sich auf sein Rad, winkte ihr zu und verschwand wieder im Wald, ohne ihre Antwort abzuwarten. Na, wunderbar. Sie hatte jetzt eine Verabredung, die sie nicht wollte. Sollte einen Sport machen, den sie nicht konnte – und das Ganze mit Menschen, die sie nicht mochte. Obwohl dieser Ty echt nett war, wie sie sich heimlich eingestehen musste. Und vielleicht waren seine Freunde ja auch nicht so übel …

Wahrscheinlich war er bei der Pferdejagd wirklich nicht dabei gewesen. Sein Fahrrad sah dafür auch viel zu sauber aus.

Langsam lief sie über die holprige Straße Richtung Donneracker. Ihre Kopfhörer lagen ihr immer noch um den Hals. Zaz setzte sie auf und drehte ihre Lieblingsmusik lauter. Sie fing wieder an, im Takt der Musik zu traben.

Nicht sattelfest

„Kommst du?“

Zaz blinzelte gegen die Sonne. Unglaublich. Ty war tatsächlich gekommen und stand jetzt in seiner schwarzen Kluft vor ihrem Frühstückstisch.

Fragend zeigte Zaz auf ihr Brötchen. „Darf ich noch aufessen?“

Ohne ein weiteres Wort setzte Ty sich zu ihr auf die Terrasse. Einige der Pensionsgäste sahen ihn mit hochgezogenen Augenbrauen an. Klar. Schwarzes Leder, Rückenprotektor und ein Helm passten hierher wie eine Ratte auf ein Tortenbuffet. Ty schien ihre Blicke nicht zu bemerken. Er griff nach einem Hörnchen und biss mit Appetit ab.

„Das muss man deiner Oma lassen: Ihre Hörnchen sind klasse“, stellte er kauend fest.

„Ja. Sie backt jeden Morgen selber“, erklärte Zaz, während sie sich das letzte Stück ihres Brötchens in den Mund schob. „So wie sie die Marmelade selber kocht. Die totale Landidylle. Ich gebe ihr noch schnell Bescheid, dass ich heute mit dir unterwegs bin.“

Ty sah sie überrascht an. „Ist sie so streng?“

Zaz schüttelte den Kopf. „Nein. So nett. Ich will nicht, dass sie sich Sorgen macht.“

Sie lief in die Küche, erzählte Tine von ihren Plänen und ging dann mit Ty zu seinem Fahrrad. Sie hatte heute sowieso nichts Besseres zu tun. Die Schulbücher konnten warten.

Der Weg zu Tys geheimnisvoller Burg erwies sich als ziemlich lang – und wieder musste Zaz zugeben, dass sie in diesem seltsamen Wald völlig hilflos war. Im Stillen nahm sie sich vor, dass sie einen Plan anfertigen musste. Sonst wäre sie bis zum Ende ihrer Ferien in diesem Wald völlig aufgeschmissen: Alle Bäume, Wege und Pfade sahen völlig gleich aus.

Sie fühlte sich ihrem Begleiter ausgeliefert. Was, wenn

diese Biker nur ein Opfer suchten? Sie konnte nicht einmal fliehen, wenn sie völlig die Orientierung verloren hatte.

Endlich öffneten sich die Bäume zu einer kleinen Lichtung. Schwarze Planen waren zwischen hohen Fichten aufgespannt, darunter sah sie Decken und Matratzen. Natürlich schwarz. Eine Flagge mit einem weißen Rad flatterte über dem Lager.

Sie sah, dass zwei Jungs an ihren Rädern herumschraubten. Drei oder vier Mädchen hockten beieinander und schienen sich etwas zu erzählen. Die Bikes waren in die Bäume gehängt. Zaz schluckte. Sie hätte nicht hierherkommen sollen. Es fühlte sich an wie eine Geburtstagsparty, zu der sie keine Einladung hatte.

„Setz dich!" Ty deutete auf einen großen Stein neben einem Feuerplatz. Die schwarzen Steine zeigten, dass hier häufiger Holz verbrannt wurde, aber in diesem Moment lag hier nur Asche.

„Besuch? Fehlt dir was, Ty?", rief eine der Gestalten vom Matratzenlager.

„Klar. Ein bisschen Hirn zwischen den Ohren. Würde dir auch gut stehen!", rief Ty zurück.

Alle lachten.
Unbehaglich setzte Zaz sich auf den Stein. Das hier war eine eingeschworene Gemeinschaft, hier hatte sie nichts verloren.
Ein Mädchen mit dunklen Dreadlocks rieb verbissen auf einem Stück Metall herum. Baumelte da etwa eine Fahrradkette um ihren Hals? Unwillkürlich griff Zaz nach dem alten Lederband, das sie trug. Es war weich und dünn vom langen Tragen. Ganz bestimmt nicht so unbequem wie diese Fahrradkette. Das Mädchen sah auf, als hätte es erst jetzt bemerkt, dass es hier nicht alleine war.
„Hat dir Ty etwa versprochen, dass wir Party mit dir machen?“ Ihre Stimme klang mürrisch.
„Nein, er …“ Zaz konnte ihren Satz nicht beenden.
„Machen wir nämlich nicht. Für niemanden. Erst recht nicht für Mädels aus der Pension.“ Das Mädchen zog geräuschvoll die Nase hoch.
Zaz wünschte sich zurück in ihr kleines Zimmer in Donneracker. Jetzt würde sie sogar lieber lernen. Was hatte sie bloß geritten, dass sie Ty durch den Wald hierhergefolgt war?
Ty stellte sich neben Zaz.

„Jetzt hör schon auf, Nala. Zaz langweilt sich, die Pension Donneracker gehört ihrer Oma. Gegen Langeweile fällt uns ja wohl was ein, oder? Jeder von uns hat schon mal fade Ferien am Ende der Welt verbracht. Da wären wir froh gewesen, wenn uns jemand gerettet hätte."

Gelächter war die Antwort.

„Kommt jetzt. Wir zeigen Zaz, wie wir trainieren. Wer kommt mit zum Parcours?"

Das Mädchen stand wortlos auf und drückte sich einen Helm auf die verfilzten Strähnen. An der Seite war eine gelbe Schlange aufgemalt. Zwei von den anderen folgten ihr, auch Ty setzte seinen Helm auf. Erst jetzt bemerkte Zaz die beiden gekreuzten Knochen, die auf das schwarze Plastik gepinselt waren. Ein Teil der Biker blieb träge auf dem Matratzenlager liegen.

Als Zaz zu Fuß den Trainingsplatz erreichte, waren die Biker schon mitten im Training. Der Parcours bestand aus mehreren dicken Bäumen, die teilweise übereinanderlagen. Es sah aus, als hätten Riesen Mikado gespielt. An einer Seite lagen große Betonblöcke. Wie hatten sie die nur hierhergebracht? Am hinteren Ende sah Zaz einen Erdhügel, der an einer Seite fast senkrecht abfiel. Drei große Rampen vervollständigten die Anlage.

Zum Aufwärmen fuhren die vier Biker einige Runden, dann sprang Nala kraftvoll auf einen der Baumstämme. Sie fuhr auf ihm weiter, sprang auf den nächsten und dann weiter zum nächsten.

Fasziniert beobachtete Zaz sie. Wie lange man wohl üben musste, um so etwas ohne Wackeln und Stürze hinzukriegen? Weiter hinten nahm Ty Anlauf, fuhr über die Rampen und flog mit seinem Bike meterweit durch die Luft. Einmal schwang er dabei sogar die Beine nach hinten und schlug sie über dem Hinterreifen zusammen.

Am Ende des Platzes rutschte einer der anderen Biker den Erdhügel senkrecht nach unten, dazu stellte er sein Rad seitlich. Fast hätte er es geschafft, dann glitt sein Fahrrad in der weichen Erde unter ihm weg, und er stürzte die letzten Meter nach unten.

„Was machst du? Schlammbäder gegen Pickel?" Tys Zähne blitzten hinter seinem Gesichtsschutz auf.

Alle stimmten in sein wildes Gelächter ein. Als der letzte der Biker von Betonklotz zu Betonklotz sprang, sein Ziel verfehlte, zwischen zwei Blöcke stürzte und eine Sekunde lang bewegungslos liegen blieb, schien sich keiner zu sorgen. Im Gegenteil: Wer sich hier verletzte, musste sich offenbar auf böse Sprüche gefasst machen.

Gegen ihren Willen lachte Zaz mit. Hier hatte keiner Angst, nicht einmal vor Schmerzen. Sie wünschte sich für einen Moment, dass sie auch einmal so über den Dingen stehen könnte. „Ich zeig dir jetzt mal, wie das richtig geht!“, rief Ty. Geschickt lenkte er sein Rad über den Beton und kämpfte sich den Erdhügel herunter.

Zaz beobachtete, dass auch er mit der weichen Erde kämpfte. Sie gab unter den Reifen nach, und er konnte einen Sturz nur vermeiden, indem er mitsamt dem Bike auf halber Höhe absprang.

Alle lachten. „Ty, du benimmst dich wie ein hüpfendes Erdferkel!“, krähte ein aschblonder Junge.

„Halt lieber den Luftschlauch, Kevin!“, schrie Ty über den Platz. „Sonst stecken wir dich als Polster zwischen die Betonblöcke!“

Wieder lautes Gelächter.

Ty raste auf die Gruppe zu. Das Rad bremste Zentimeter vor Zaz’ Füßen ab.

„Na, gefällt es dir?“ Erde und Schlammspritzer klebten

an seiner Ausrüstung. Sein Gesicht glänzte, sein Atem ging schneller.

„Klar, das ist toll, was ihr da macht." Zaz hörte, was sie sagte, und ärgerte sich über sich selbst. Sie klang wie ein kleines Mädchen, das diesen tollen Typen total bewunderte.

„Willst du es auch mal probieren?"

Abwehrend hob sie die Hände. „Den Gefallen tue ich dir nicht. Sucht euch ein anderes Opfer, wenn ihr lachen wollt."

„Quatsch, jeder hat mal angefangen. Wir machen nur eine kleine Tour durch den Wald, okay? Nala leiht dir ihr Bike."

„Ich werde einen Teufel tun!", fuhr das Mädchen auf. Ein Blick von Ty brachte sie zum Schweigen.

„Also?"

„Wenn Nala wirklich nichts dagegen hat …?" Unsicher sah Zaz zu dem Mädchen, das wütend an seiner Halskette herumfingerte.

„Klar ist das okay." Nala spuckte auf den Boden und schob ihr Rad Richtung Zaz. „Du musst es halt danach wieder putzen."

„Danke.“ Zaz sah das Bike genauer an. Es war komplett schwarz. Sogar die Teile, die bei anderen Rädern blitzten, waren mit schwarzer Farbe übermalt. Keine Lampen, keine Schutzbleche, dicke Reifen. Das Ding hatte nur wenig mit ihrem schmalen Rad zu tun, das sie zu Hause in die Schule fuhr.

Sie setzte Nalas Helm auf und fasste vorsichtig den Lenker an. Die Griffe fühlten sich ungewohnt dick an.

„Du kannst ruhig zugreifen. Das geht nicht kaputt.“

Vorsichtig setzte sie sich auf das Bike und fuhr versuchsweise ein paar Meter. Zu ihrer Überraschung bewegte es sich schnell vorwärts – ohne dass sie viel Kraft aufwenden musste. Sie drehte eine kleine Runde an den Hindernissen vorbei und hielt dann neben Ty an. „Fahren wir jetzt, oder willst du Wurzeln schlagen?“

„Komm. Gib Bescheid, wenn du nicht hinterherkommst.“

Damit drehte er um, stellte sich in die Pedale und verschwand in einem schmalen Pfad. Sie versuchte ihm zu folgen. Tatsächlich nahm er keine Rücksicht auf sie. Enge Wege, sandige Kuhlen, holprige Wurzeln: Im Affenzahn schossen sie durch den Wald. Nach wenigen Minuten lief Zaz der Schweiß über die Stirn in die Augen. Hin und wieder verschwand Ty fast aus ihrer Sicht, dann fuhr er wieder direkt vor ihr.

Langsam fing die Sache an, ihr Spaß zu machen. Die Kunst bestand darin, bei möglichst hohem Tempo das Gleichgewicht zu halten. Zaz spürte, wie das Adrenalin in ihren Adern rauschte. Ab und zu stürzte sie fast, rutschte weg und konnte sich gerade noch fangen. Als sie zurück ins Lager kamen, war sie fast enttäuscht: Zu gerne wäre sie noch weitergefahren.

„Hat Spaß gemacht, oder? Morgen wieder?“, fragte Ty.

Zaz nickte nur, während Nala ihr ein weiches Tuch in die Hand drückte. „Wer fährt, muss putzen!“ Dann entglitt ihr fast so etwas wie ein Lächeln. „Hast dich ja gar nicht so blöd angestellt.“

Vorsichtig rieb Zaz mit dem Lappen über das Metall und entfernte Schlamm, Sand und Erde. An einer Stelle war der Lack ein wenig zerkratzt, ein paar Zentimeter weiter noch einmal. Kein Wunder, dass die Dinger alle so gut aussahen. Sie wurden ständig gepflegt. Da konnten die Eltern doch nicht viel gegen haben. Bei dem Gedanken musste sie grinsen.

Ty ließ sich neben sie fallen.
„Ich dachte schon, du kannst das nicht."
„Was?"
„Na, mal nicht aussehen, als ob du geprügelt wirst. Dir hat es heute also gefallen?"
„Ja, das ist cool." Sie sah sich in dem Lager um. „Seit wann seid ihr hier?"
„In der Burg? Drei oder vier Jahre bestimmt. Am Anfang waren wir nicht oft hier. Aber seit letztem Jahr ist der Wald unser Revier. Nirgends kann man besser fahren, hier sind wir unter uns."
Sie deutete in Richtung des Parcours. „Und wie habt ihr die Sachen hierhergebracht? Das Zeug ist doch schwer!"
Ein Schulterzucken war die Antwort. „Zum Glück gibt es große Brüder, die Auto fahren können. Und Bäume liegen hier doch haufenweise rum. Ja, die Betonteile waren echt schwer. Und es durfte ja auch keiner merken, dass wir die hierhergebracht haben."
„Wieso?"
„Der Wald gehört nicht wirklich uns." Mit einem Ruck stand er auf. „Ich bringe dich heim. Sonst wird es dunkel, und deine Oma schickt Suchtrupps aus."

Offensichtlich wollte er die Unterhaltung beenden. Überrascht stand Zaz auf. „Wem gehört der Wald denn?"
„Frag deine Oma."
„Echt jetzt? Der Wald gehört zu Donneracker?"
„Irgendwie schon. Aber sie kümmert sich nicht darum. Und sie hat sowieso zu viele Schulden."
Kein Wunder, Tine hatte mit der Pension genug zu tun. Zaz hatte noch so viele Fragen, aber Ty wollte sie jetzt auf dem schnellsten Weg zurück zum Waldrand bringen. Hastig verabschiedete sich Zaz von den anderen. „Danke!" Sie grinste Nala an. „Vor allem für dein Bike."
Mit einem Achselzucken winkte Nala ab. „Wenn Ty es sich so sehr wünscht, dann kannst du es noch mal haben."
„Jetzt komm!", drängte Ty, der schon wieder auf seinem Rad saß. „Du willst doch noch heute wieder bei deiner Oma sein, oder?"
Er brachte sie zur Waldstraße nach Donneracker, ohne viele Worte zu verlieren. Heimlich frage Zaz sich, was sie wohl falsch gemacht hatte.
Erst als sie angekommen waren, drehte er sich um. „Morgen gleiche Zeit wie heute?", fragte er. „Und glaubst du, dass du uns jetzt alleine findest?"

„Ich versuche es mal." Sie grinste schief. „Kannst mich ja wieder retten, wenn ich hilflos herumrenne."

Damit winkte sie ihm zu und ging zurück zu dem Hof.

Es war schon Mittag, für die Mumien wurden bereits die Tische gedeckt. Wieder nur von Tine. Ob es diese Frau Kolbe überhaupt gab?

Zaz winkte im Vorbeilaufen, aber Tine sah kaum auf.

Später, nachdem sie sich geduscht und auch etwas gegessen hatte, holte sie sich ein großes Blatt Papier und fing an, einen Plan von dem Wald aufzumalen. Sinnend sah sie immer wieder in Richtung des Waldrands, während sie versuchte, die Länge der gewundenen Pfade abzuschätzen. Das war ganz schön verzwickt …

Böse Entdeckung

Am nächsten Tag zeigten ihr die schwarzen Planen, schon bevor sie um die letzte Ecke bog: Hier war sie richtig. Der neue Plan in ihrer Tasche mochte nicht perfekt sein, aber er half ihr doch gewaltig bei der Orientierung. Sie hatte dieses Mal auf dem Hinweg wirklich auf jeden Baum geachtet. Und auf die vielen Radspuren, die die Wege zerfurchten. Wenn die Erde feucht und weich war, dann hinterließen die dicken Reifen der Bikes fette Spuren.

Zaz trat auf die Lichtung und sah sich um. Die Burg war weniger voll als gestern, nur drei schwarz gekleidete Gestalten lagerten auf den Matratzen.

„Hi!“ Sie hob die Hand zum Gruß und blieb einen Moment stehen. Sollte sie sich jetzt einfach danebensetzen?

„Ty ist beim Training“, sagte schließlich ein dunkelhaariger Junge. Sie erkannte den Biker, der gestern zwischen die Betonquader gestürzt war.

„Und bei dir, alles in Ordnung?“, fragte Zaz.

Sie wollte nur nett sein, aber er wollte offenbar nicht an seinen Sturz erinnert werden und winkte unwirsch ab.

„War doch nichts. Hab nur einen neuen Move ausprobiert. Das geht immer ein paar Mal in die Hose, bis es sitzt. No risk, no fun. Das nächste Mal kann ich über die anderen lachen.“

„Es sah aber wild aus“, versuchte Zaz es noch einmal.

„Und du? Hast du Muskelkater? Ihr seid gestern ja für den Start ziemlich heftig unterwegs gewesen.“

Fast hätte Zaz gelacht. Er versuchte, von seinem Sturz abzulenken, klarer Fall.

Sie schüttelte den Kopf. „Ich mache viel Sport. Laufen und so. Da kriegt man nicht so schnell Muskelkater.“

Sie hob die Hand. „Ich schau dann mal, wo Ty steckt. Bis nachher!“

Die anderen sahen ihr nur ohne Gruß hinterher. Merkwürdiges Volk.

Auf dem Parcours sah sie Ty, der sich an dem weichen

Erdhügel abkämpfte. Immer wieder fuhr er zum höchsten Punkt und versuchte, sich seitlich abrutschen zu lassen. Und jedes Mal rutschte das Bike zu früh weg, und er landete in dem größer werdenden Haufen Erde. Es dauerte ein Weilchen, bis er merkte, dass er nicht mehr alleine war.

Er hob grüßend eine Hand – und dann trainierte er weiter. Kein Wunder, dass er sein Bike besser beherrschte als die anderen, dachte Zaz bei sich. Er übte wahrscheinlich einfach mehr. Ihr Trainer in der Leichtathletik hatte immer gesagt: „Erfolg ist 20 Prozent Talent und 80 Prozent Schweiß!" Fast hörte sie seine knarrende Stimme, als sie an ihn dachte. Eigentlich schade, dass sie nicht mehr zum Training ging.

So sehr war sie in Gedanken versunken, dass sie gar nicht bemerkte, dass Ty aufgehört hatte. Als er mit seinem Rad vor ihr anhielt, fuhr sie zusammen.

„Hast du Lust auf eine Runde durch den Wald?" Er sah sie fragend an.

Sie nickte. Es hatte Spaß gemacht gestern.

„Dann nimm wieder das Bike von Nala. Die macht heute keinen Stress, sie ist nicht da." Er deutete auf einen kleinen Unterstand, der Zaz bisher nicht aufgefallen war. Hier standen die Bikes fein säuberlich nebeneinander.

„Wo steckt sie denn?"

Ty zuckte mit den Schultern. „Sie hat Ärger mit ihren Eltern." Er klang nicht so, als würde es ihn wirklich interessieren, was Nala machte.

Neugierig sah Zaz sich in dem Unterstand um. Unter dem Dach hingen die Rückenprotektoren, sie sahen aus wie riesige Insektenpanzer. Unheimlich. Daneben die Helme, die mit ihrem Gesichtsschutz und ihren leeren Sichtfenstern fast wie die von Aliens wirkten. In einem Regal lagen Schraubendreher, Ölkännchen, Zangen und einzelne Glieder von Fahrradketten. Und seltsame schwarze Kästchen. Wozu sollten die gut sein? Neugierig nahm Zaz eins davon in die Hand. Es war merkwürdig schwer. Und offensichtlich konnte man es mit kurzen Ketten an den Bikes befestigen. Sie drehte es um und begriff mit einem Mal, was das war: ein Lautsprecher!

Schlagartig fielen ihr die Scheuerstellen an Nalas Bike ein. Da mussten die Lautsprecher hängen, wenn die Biker unterwegs waren, um die Pferde zu erschrecken!

Sie hatte sich selbst angelogen, als sie sich eingeredet hatte, dass diese Biker doch keine Tierquäler waren. Was für ein Schwachsinn, zu glauben, dass es vielleicht zwei Bikergruppen in diesem Wald gab. Es gab nur diese hier, und die jagten Pferde einfach zum Spaß. Weil sie gerne über andere lachten – und seien es nur Pferde in wilder Panik.

„Wo steckst du denn? Es ist das Rad mit der gelben Schlange!", rief Ty.

Was jetzt? Konnte sie hier einfach verschwinden? Was, wenn die Biker sauer wurden?

„Soll ich reinkommen und dir helfen?" Die Stimme wurde ungeduldiger.

„Nein, nein. Ich hab es schon! Bin gleich da!" Weil sie nicht wusste, was sie sonst tun sollte, nahm sie sich Nalas Rad, einen Helm und einen Rückenprotektor, der zu passen schien, und schob das Rad nach draußen.

„Endlich." Ty grinste. „Ich habe schon befürchtet, du hast es dir anders überlegt. Komm, ich habe mir eine tolle Tour ausgedacht."

Ohne ein weiteres Wort schwang er sich auf sein Bike und trat in die Pedale.

Heute war es viel härter, ihm zu folgen. Ty wollte sie offenbar testen. Sie und ihre große Klappe in Sachen Fitness. Auf jeden Fall waren die Wege schmaler, es ging immer wieder über Steine, und die Reifen rutschten unter ihr weg. Über ihren Rücken lief der Schweiß. An einer engen Wendung in der weichen Erde landete sie schmerzhaft im Dreck. Wütend sah sie, wie Ty sich mühelos entfernte. Wenn sie jetzt nicht schnell aufstand, war sie wieder einmal in diesem Wald verloren.

Mühsam rappelte sie sich auf, griff nach dem Bike und versuchte, mit Ty mitzuhalten. Aber sein Rückenprotektor tauchte nur immer wieder kurz vor ihr auf und verschwand wieder. Sie musste sich ranhalten, sonst war er weg.

Die Äste hingen nach jeder Kurve tiefer in den Weg. Zaz presste sich an den Lenker und spürte trotzdem, wie die Äste peitschten. Sie konnte Ty nicht mehr sehen – und es war ein Rätsel, wie er hier so schnell sein konnte. Ein kräftiger Schlag in den Rücken nahm ihr fast den Atem – und fast gleichzeitig wichen die Bäume wieder zur Seite. Sie sah Ty einige Meter weiter vorne, hoch in den Pedalen stehend.

Er blieb stehen, den Blick auf den Boden gerichtet, die Kiefer fest aufeinandergepresst. Schwer atmend bremste Zaz neben ihm.

„Was ist?"

Wortlos deutete er auf den Weg vor ihnen. Hufspuren.

„Diese Viecher machen echt jeden Weg kaputt!"

„Ihr baut euch Betonklötze in den Wald, um drauf- und drüberzuspringen, und du jammerst über Hufspuren?"

Zaz lachte. „Das meinst du doch nicht im Ernst?"

„Doch ... der Wald gehört uns!"

„Das ist doch Blödsinn. Du hast gestern selbst gesagt, dass er meiner Oma gehört. Wenn hier also einer genervt sein darf, dann sie. Oder?"

Er biss sich auf die Lippen und schüttelte den Kopf. „So einfach ist das nicht."

Zaz hörte es noch vor ihm: Hufschlag! Ein schneller Dreitakt, der mit jedem Schlag ihres Herzens näher kam. Noch bevor sie irgendetwas sagen konnte, sahen sie die Herde.

Die Tiere jagten den Weg entlang, allen voran das schwarze Pferd. Die fünf waren schon fast bei ihnen, als Zaz plötzlich die Reiter sah. Wie bei ihrer ersten Begegnung im Bus saßen sie alle auf den Rücken der Tiere. Als wären sie ein Teil von ihnen, wie Gestalten aus irgendeinem Fantasyfilm.

Für einen Augenblick hielt Zaz die Luft an, dann war der Spuk auch schon vorbei. Vier Pferde mitsamt ihren Reitern waren über den Weg galoppiert, der Schlag der Hufe hatte die Erde beben lassen. Einen Atemzug lang herrschte Stille, dann kam das braune Pferd auf sie zu. Ohne Reiter.

Einen Moment sah Zaz das Weiße in den Augen des Pferdes. Sie spürte, wie es den Menschen in der Lederkluft an ihrer Seite fixierte. Im gleichen Augenblick stellte es sich mit einem schrillen Wiehern auf die Hinterbeine und schlug mit den Hufen um sich. Dann galoppierte es direkt auf sie zu. Ohne auch nur eine Sekunde zu zögern. Die Ohren fest an den Kopf gepresst, die Nase weit nach vorne gestreckt und die Zähne gebleckt.

Zaz machte zwei schnelle Schritte nach hinten. Dieses Pferd sah aus wie eine riesige Masse Zorn. Um das zu erkennen, musste man nicht viel Ahnung von diesen Tieren haben.

Die Hufe trommelten auf den Boden.

Ty schüttelte den Kopf. „Das kann doch nicht …"
Er brachte den Satz nicht zu Ende, sondern sprang in den Sattel seines Bikes, drehte um und wollte fliehen. Zu spät. Das braune Pferd machte einen großen Satz und trat zu. In letzter Sekunde sprang Ty von seinem Rad hinter einen Busch. Der Huf des Tieres traf gegen den Rahmen, zwischen die Speichen, an die Ritzel der Gangschaltung. Es gab ein hässliches Geräusch, als das Metall unter dem Hieb nachgab.
Mit einem lauten Schnauben sprang das Pferd zurück.
Zaz starrte es erschrocken an. Am rechten Vorderbein war ein Schnitt zu sehen, aus dem hellrotes Blut sickerte.
„Los, komm!" Tys Stimme überschlug sich. „Wir müssen weg von diesem durchgeknallten Viech! Die muss man einsperren! Alle!"
Er griff nach seinem Rad, das sich zu Zaz' Überraschung immer noch bewegen ließ, drehte sich um und schob es im Laufschritt davon. „Was ist mit dir? Komm! Bring dich in Sicherheit!"
Zaz hörte nicht auf ihn. Sie sah gebannt auf das braune Pferd.
Das Blut lief ihm am Bein herunter und versickerte im

Waldboden. Zaz machte einen Schritt auf das Tier zu. „Hast du dir wehgetan?“

Zum ersten Mal schien das Pferd sie überhaupt zu bemerken. Bis zu diesem Augenblick hatte es nur Ty angestarrt. Jetzt sah es Zaz in die Augen, so wie im Bus. Und nach der wilden Jagd auf der Koppel vor ein paar Tagen. Ohne groß nachzudenken, machte Zaz zwei Schritte nach vorne und kniete sich neben dem blutenden Bein hin. Vorsichtig ließ sie ihre Hand über das Schienbein gleiten. Sie spürte, wie das Pferd zusammenzuckte, dann aber still stehen blieb. Es fühlte sich nicht an, als wäre der Knochen kaputt, aber der Riss in der Haut war tief.

Wenn sie nur dafür sorgen könnte, dass das Blut aufhörte zu fließen! Schnell nahm Zaz ihr rotes Bandana ab, das sie sich am Morgen umgebunden hatte. Sie faltete den Stoff zu einem festen Streifen, wickelte ihn um die Wunde und verschloss ihn mit einem Knoten.

Das Pferd senkte langsam den Kopf und schien sich genau anzusehen, wer sich da an seinem Bein zu schaffen machte. Es pustete leise in Zaz’ Gesicht.

„Na, wolltest du den Jungs auch mal richtig Angst einjagen?“ Zaz lächelte und streichelte das Pferd unbeholfen zwischen den Nüstern. Überraschend, wie weich das Fell dort war. Das Pferd schob seine Nase in ihre Hand. Einen Moment verharrten sie in dieser Haltung. Zaz schloss die Augen. Bildete sie sich das ein, oder bedankte sich das Pferd gerade bei ihr?

Blödsinn.

Noch bevor sie länger drüber nachdenken konnte, kam plötzlich der Hufschlag der anderen vier Pferde wieder näher. Der Kopf des braunen Pferdes flog nach oben. Mit gespitzten Ohren sah es in Richtung des Klangs der Hufe.

Hektisch sah Zaz sich um. Der Typ mit den langen schwarzen Haaren und die blonde Schönheit – den beiden wollte sie ganz bestimmt nicht mehr begegnen. Sie richtete sich auf und machte schnell ein paar Schritte nach hinten. Leider nicht schnell genug.

„Hey! Was machst du da mit dem Pferd?“

Mit seinem Rappen ritt der Typ direkt auf sie zu. Erst jetzt konnte Zaz die Reiter zum ersten Mal von Nahem sehen. Sie saßen alle ohne Sattel auf ihren Pferden. Was noch viel überraschender war: Sie hatten auch keine

Zügel in den Händen! Sie saßen einfach aufrecht, eine Hand in der Mähne ihrer Tiere, die andere entspannt auf ihrem Oberschenkel. Unglaublich, dass sie bei dem schnellen Galopp nicht einfach heruntergefallen waren.
„Ich habe dich was gefragt! Was machst du hier?"
Zaz deutete auf das Bein. „Sie blutet …"
„Weil ihr Idioten mit den Rädern durch die Wälder schießt, als würden sie euch gehören! Verschwinde jetzt einfach! Keiner darf Monsun anfassen. Und du erst recht nicht!"
Zaz hob die Hände. „Ich bin ja schon weg." Sie drehte sich um, zog Nalas Bike aus dem Gras und machte sich auf den Weg zurück in die Burg. Was hatte sie schon mit diesem albernen Kampf zwischen Bikern und Reitern zu tun? Was sollte das überhaupt?
Als sie sich in den Sattel schwang und in die Pedale trat, blickte sie noch einmal über die Schulter. Die vier Reiter sahen ihr hinterher, als hätten sie einen Krieg gewonnen. Das braune Pferd machte ein paar Schritte in ihre Richtung, dann drehte es sich um und stellte sich zu den anderen.
Wie hatte der Anführer der Reiter das Pferd genannt?

Monsun? Sätze aus dem Erdkundeunterricht fielen ihr ein: *Wind in den Tropen, bringt heftigen Regen, wechselt mehrmals im Jahr die Richtung.* Wer benannte ein Pferd nach einem verregneten Wind? Da könnte man ein Tier ja gleich Sauwetter nennen.

Der Weg zurück in die Burg war nicht schwer zu finden: Von ihrer wilden Fahrt hatten sich Spuren eingegraben, denen sie folgen konnte. Und dieses Mal musste sie sich nicht beeilen, um hinter Ty herzufahren.

Es dauerte eine Weile, bis die Zeltplanen der Burg wieder vor ihr auftauchten. Alle standen um Ty herum, der in den buntesten Farben schilderte, wie ein wildes Pferd ihn in die Flucht gezwungen hatte. Zaz hörte nur Wortfetzen. „Muss Schluss sein … ein für alle Mal … Das geht nicht mehr länger so … total verrückt! Jetzt drehen sie durch! Das ist unser Wald!“

Keiner bemerkte, dass Zaz Nalas Rad einfach in den Unterstand stellte und sich dann wortlos auf den Weg zurück zur Pension machte. Diese Biker planten nichts Gutes mit den Pferden im Wald – und Zaz wollte ganz bestimmt nicht ein Teil ihrer Pläne sein. Es wurde Zeit, dass sie von hier verschwand. Für immer.

Ihr ging der Blick dieser Stute nicht aus dem Kopf. Warum wurde sie nicht geritten? Warum hatte sie als einziges Pferd keinen Menschen, der sich um sie kümmerte? Was, wenn das Bein jetzt eiterte oder der Verband, den sie angelegt hatte, nicht hielt?
Als Zaz Donneracker erreichte, war es erstaunlich ruhig. Tine saß bei einer Tasse Kaffee auf der Terrasse und beugte sich über dicke Ordner. Auf den Seiten reihten sich endlose Zahlenkolonnen aneinander. Zögernd blieb Zaz vor dem Tisch stehen.
Tine sah auf, bemerkte die Erde auf Zaz' Kleidern und runzelte die Stirn. „Was hast du denn gemacht? Soll ich dir zeigen, wo die Waschmaschine steht?"
„Du wirst mir auch zeigen müssen, wie man sie bedient." Verlegen fuhr Zaz sich durch die langen Haare, die ihr ohne das Bandana auf die Schultern fielen. „Hast du einen Moment Zeit?"
Lächelnd deutete Tine auf den leeren Stuhl am Tisch. „Klar, setz dich. Möchtest du etwas trinken?"
„Nein, nein, mach dir keine Arbeit."
„Ich freue mich, wenn ich was für dich tun kann."
Tine sprang auf, verschwand in die Küche und kam Au-

genblicke später mit einer Flasche Mineralwasser und einem Glas wieder. „Also: Was liegt dir auf dem Herzen? Ich habe dich gestern ja kaum gesehen."
Zögernd sah Zaz auf ihre Hände. Unter den Fingernägeln klebte Erde. „Da sind Pferde im Wald. Woher kommen die?"
„Ach, du hast meine Horde gesehen? Das ist ein Glücksfall, ich sehe sie manchmal wochenlang nicht. Zum Glück kümmern sich die Kinder um sie."
„Kinder?" Zaz sah ihre Oma verwirrt an.
Ein Augenrollen war die Antwort. „Na ja, keine Kinder mehr. Die sind so alt wie du. Oder vielleicht ein oder zwei Jahre älter. Seit dem Tod deines Großvaters kümmern sie sich um seine Pferde. Er hatte einen Narren an allen dreien gefressen. Es hätte ihm das Herz gebrochen, wenn ich sie verkauft hätte. Also habe ich beschlossen, dass sie hierbleiben dürfen."
Verwirrt unterbrach Zaz sie: „Aber es sind doch fünf Pferde, keine drei. Da bin ich mir ganz sicher!"
„Ja, es sind fünf unterwegs. Ich vergesse immer Ann-Sophie und Fee. Ann-Sophie hat diesen Fuchs mitgebracht. Sie hat mich letztes Jahr gefragt, ob er bei den

anderen Pferden leben kann. Mir ist das egal, der Wald ist groß. Und im Winter kamen dann noch Fee und ihre Luna. Das ist der Schimmel."

Zaz erinnerte sich an das milchweiße Pferd, das immer mit den anderen unterwegs war. „Und du hast dich nie für sie interessiert? Für die Pferde von Opa, meine ich."

„Nein. Das war seine Sache. Er hat sich jeden Tag mit den dreien beschäftigt, war auf der Koppel und hat nach dem Rechten gesehen. Geritten ist er selten. Ich glaube, es hat ihm gereicht, die Pferde anzusehen und ihre Schönheit zu bewundern." Tine lächelte versonnen. „Wenn er von den Pferden erzählt hat, hätte ich eifersüchtig werden können. Er hat von jedem einzelnen geschwärmt."

„Aber sie sind so unterschiedlich. Hatte er ein Lieblingspferd?" Gespannt sah Zaz ihre Großmutter an. Die dachte einen Augenblick nach.

„Ich denke, das war Monsun. Nein, da bin ich mir sicher: Monsun."

Als sie den Namen hörte, setzte Zaz' Herz einen Moment aus. Wieder erinnerte sie sich an den Augenblick, als das Pferd seine Nüstern in ihre Hand gedrückt hatte. Wie ein Versprechen.

„Was hat ihm denn so gut an Monsun gefallen?"
„Er hat sie mitgebracht, als sie nur wenige Tage alt war. Ein dürres Ding mit endlos langen Beinen. Die Mutter ist kurz nach der Geburt gestorben, und die Züchter schafften es nicht, das Fohlen mit der Flasche zu ernähren. Opa hat davon gehört und hat es geholt. Monsun ist ihm nach ein paar Tagen wie ein kleiner Hund nachgelaufen, war im ersten Winter sogar hier im Haus. Von ihm ließ sie sich anfassen, aus seiner Flasche hat sie getrunken, und er durfte sich sehr viel später auf ihren Rücken setzen. Bis heute hat kein anderer Mensch sie berührt. Sie läuft einfach mit Feuertanz und Müller mit."
Wieder die Erinnerung an die Nüstern in ihrer Hand.
„Niemand hat sie angefasst?" Zaz konnte es nicht glauben.
„Nein. Felix hat das immer damit erklärt, dass sie ein Vollblut ist. Sensibel und intelligent, eine ganz besondere Pferderasse. Als er starb, habe ich ein paar Wochen lang gedacht, dass sie den Verlust nicht überlebt. Sie wurde so dünn, dass man jede Rippe zählen konnte. Stand teilnahmslos unter einem Baum am Waldrand. Eines Tages habe ich aus Versehen die Koppel offen stehen

lassen, und die drei Pferde sind im Wald verschwunden. Mehrere Wochen habe ich Monsun dann nicht gesehen. Müller und Feuertanz kamen jeden Abend in die Ställe zurück, deswegen habe ich sie nicht mehr eingesperrt. So hatte ich sehr viel weniger Arbeit."

„Und Monsun?", fragte Zaz gespannt.

„Die habe ich erst wiedergesehen, als die Jungs aufgetaucht sind und sich um Feuertanz und Müller gekümmert haben. Die beiden haben sich auf die Pferde gesetzt, die sie im Wald gefunden haben, und sind jeden Tag geritten, ohne dass ich es gemerkt hätte. Irgendwann kamen sie hierher, mit Monsun im Schlepptau. Damals haben wir verabredet, dass die Jungs sich um die drei kümmern. Sie sagen mir, wann sie einen Tierarzt brauchen oder das Heu knapp wird. Aber Monsun können sie auch nicht berühren – weder sie noch die Mädchen, die später dazukamen."

„Feuertanz und Müller – das sind ja merkwürdige Namen. Warum hat Opa die so genannt?"

„Er fand, dass die Namen gut passen. Feuertanz ist ein Friese, nachtschwarz mit einer tollen Mähne. Und Herr Müller … der regt sich nie auf. Typisch Kaltblut eben.

Das sind die stärksten Pferde. Aber dafür eben auch nicht die schnellsten. Felix hat viel von Vielfalt gehalten, in allen Dingen."

Nachdenklich spielte Zaz mit einer Haarsträhne. Sie musste daran denken, was Ty von Tine behauptet hatte.

„Sag mal … Gehört der Wald wirklich dir?"

Ein Nicken war die Antwort. „Sicher. Der Wald gehörte schon immer zu Donneracker, deswegen will ich ihn nicht verkaufen. Auch dann nicht, wenn es mal nicht so gut läuft mit der Pension." Stirnrunzelnd sah sie Zaz an. „Genug erzählt, würde ich sagen. Es wird Zeit, dass du meine Waschmaschine kennenlernst. Dann kannst du dich die nächsten Tage auch wieder in meinem Wald herumtreiben, ohne dass du einem Waldgeist ähnelst. So erschreckst du ja meine Gäste."

Zwei Welten

Vorsichtig öffnete Zaz den Apothekenschrank im Flur. Die Sonne war eben erst aufgegangen und warf ihr schräges Licht durch ein kleines Fenster. Suchend glitt ihr Blick über den Inhalt des Schranks: Kopfschmerztabletten, Halspastillen, Pflaster und zum Glück auch Jod. Das Fläschchen verschwand in ihrer Tasche, gefolgt von zwei Verbänden, Tupfern und sterilen Kompressen. Vielleicht hatte sie ja Glück und fand Monsun. Wenn sie der Stute nah genug kam, dann könnte sie vielleicht das Bandana lösen und die Wunde ordentlich verbinden.

Sie lief die Treppe nach unten, schnappte sich vom Buffet ein Hörnchen und machte sich auf den Weg in den Wald. Um dann wieder umzudrehen und noch eine Banane und einen Pfirsich einzustecken. Keine Ahnung, ob Monsun so etwas mochte – aber Äpfel hatte Tine nicht in den Obstkorb gelegt.

Als Erstes lief sie zu der Wiese, auf der sie die Pferde das erste Mal gesehen hatte. Die Hufabdrücke und die Spuren der Räder verrieten immer noch, was passiert war. Sie konnte es kaum glauben, dass seitdem nur drei Tage verstrichen waren. Von den Pferden war nichts zu sehen. Zaz lief weiter, diesmal auf einem Weg am anderen Ende der Wiese. Dabei versuchte sie, sich an auffallenden Bäumen oder großen Felsbrocken zu orientieren, und trug alle gewissenhaft in ihre selbst gezeichnete Karte ein. Heute wollte sie wirklich nicht wieder von Ty gerettet werden. Am liebsten würde sie ihn gar nicht mehr sehen müssen.

Der Weg mündete erneut in eine kleine Lichtung, von der wieder zwei Wege abgingen. Offensichtlich war der Wald von Pfaden und Lichtungen durchzogen. Kein Wunder, dass die Pferde sich hier wohlfühlten. In diesem Labyrinth mussten sie nicht befürchten, dass jemand sie fand.

Lichtungen, Wege, Schneisen und Pfade reihten sich aneinander, und Zaz war sich sicher, dass sie noch nie so weit von Donneracker entfernt gewesen war. Der Vormittag war weit fortgeschritten, als sie eine Lichtung betrat, in deren Mitte einige mächtige Buchen wuchsen. Unter ihnen stand ein alter blauer Schäferkarren.

Neugierig ging Zaz näher an den Wagen heran. Offenbar war er schon länger nicht bewegt worden: Steine blockierten seine Räder, die Deichsel war mit Moos bewachsen. Der Wagen selbst sah aus, als ob sich da jemand viel Mühe gegeben hatte: Das Holz war frisch gestrichen, die Fensterläden glänzten in dunklem Rot.

Vorsichtig stieg Zaz die Stufen nach oben und drückte die Klinke der Tür nach unten. Zu ihrer Überraschung öffnete sie sich.

Im Inneren fand sie einen kleinen Ofen, davor lag ein weicher Teppich unter einem niedrigen Sofa mit vielen Kissen. In einer Ecke stand ein kleiner Tisch, darauf zwei halb abgebrannte Kerzen und eine angebrochene Flasche Wasser. Ein Buch lag aufgeschlagen daneben. Vorsichtig hob Zaz es hoch. *Was der alte Stallmeister noch wusste.* Offensichtlich Tipps, wie man mit Pferden umging oder Verletzungen behandelte. Wollten sich die „Jungs“, von denen Tine gesprochen hatte, vielleicht über die Verletzung von Monsun schlaumachen?

Vor dem Karren kamen plötzlich Schritte näher. Zaz ließ das Buch fallen und sah sich erschrocken um. Einen Hinterausgang gab es nicht. Ein Versteck auch nicht. Nicht einmal einen Vorhang, hinter dem sie sich hätte verbergen können. Sie war gefangen.

Die Schritte blieben direkt vor dem Karren stehen. Dann wurde es still. Zaz hörte nur ein leises Atmen, raschelndes Gras, dann wieder nichts. Warum kam dieser Besucher hier nicht herein? Langsam schlich sie sich zur Tür und spähte durch den Türspalt hinaus.

Große dunkle Augen sahen sie aus nächster Nähe an.

Zaz schreckte zurück und wäre fast über eines der Kissen gestolpert. Das war kein Mensch.

Vorsichtig öffnete sie die Tür – und stand direkt vor Monsun, die keinen Zentimeter zurückgewichen war, sondern sie unverwandt ansah.

„Na, da hast du mich ja gefunden!" Zaz hielt ihr erleichtert die Hand hin. Die Stute streckte ihr den Kopf entgegen und presste ihn gegen ihre Hand. Langsam ging Zaz aus dem Wagen hinaus, stieg die drei Stufen hinunter und strich Monsun über den Hals und die Flanken. Die Stute schien die Berührung zu genießen und sah ihr aufmerksam und mit gespitzten Ohren zu. Vorsichtig strich Zaz über das verletzte Bein nach unten. Ihr Bandana war mit Blut durchtränkt. Getrocknetes Blut, das fest mit dem Fell verklebt war. Mit möglichst ruhigen Bewegungen löste Zaz den Knoten. Jetzt bloß nicht Monsun verschrecken.

Mist. Der Verband ließ sich nicht einfach so abnehmen. Entschuldigend sah Zaz nach oben. „Was soll ich machen? Das tut dir jetzt bestimmt weh …"

Leise schnaubte ihr die Stute ins Gesicht.

Die Wasserflasche! Stand in dem Karren nicht diese Flasche auf dem Tisch? Etwas zu schnell erhob Zaz sich wieder. Monsun schreckte zurück, kam aber sofort wieder zu ihr.

Die Erinnerung war richtig: Die Flasche stand drinnen auf dem Tisch.

Sie nahm sie und ließ dann vorsichtig das Wasser über das Tuch rieseln. Wenn es feucht wurde, konnte sie es bestimmt wieder lösen. Und sie sollte recht behalten: Als sie vorsichtig an dem Bandana zupfte, fiel das rote Tuch auf den Boden. Zaz tränkte einen Tupfer mit dem Jod und fuhr damit, so sanft es ging, über die Wunde. Die sah nicht gut aus, aber wenigstens hatte sich seit dem Vortag noch nichts entzündet.

Monsun benahm sich, als ob sie wüsste, dass Zaz ihr helfen wollte. Sie rührte sich nicht, schnaubte nur ein wenig und schüttelte hin und wieder den Kopf, wenn Zaz ein wenig zu kräftig aufdrückte.

„Das dauert nicht mehr lange. Gleich hast du es geschafft", murmelte Zaz. Zu ihrer Überraschung schien Monsun sie zu verstehen.

„Das müsste reichen", sagte sie schließlich. Sie legte eine sterile Kompresse auf die Wunde und wickelte den Verband darüber. Endlich richtete sie sich wieder auf und legte die Hand auf die Stirn der Stute. Die lehnte sich gegen sie.

Einige Minuten lang standen sie so. Reglos, den Atem im gleichen Rhythmus.

Dann drehte Monsun sich langsam um. Sie ging einige Schritte und wandte sich dann wieder Zaz zu. Gerade so, als ob sie sich versichern wollte, dass sie ihr folgte.

Zaz sah ihr in die Augen, schüttelte den Kopf und machte sich dann auf den Weg. Immer ein paar Meter hinter der gelassen dahinschreitenden Stute. Monsun zögerte an keiner der vielen Abzweigungen. Sie bewegte sich so zielsicher, dass Zaz irgendwann ahnte, dass das hier nicht einfach nur ein planloser Spaziergang war.

Plötzlich blieb Monsun stehen. Zaz hörte Stimmen und versteckte sich schnell hinter einem dicht belaubten Baum.

Die Stimme des Schwarzhaarigen erkannte sie sofort. Jetzt klang sie allerdings freundlich.

„Monsun, da bist du ja! Wir hatten schon Angst, dass dir dein Bein doch wehtun könnte."

„Sie hat ja einen Verband!" Die Stimme der Blonden. „Das kann doch nicht sein. Niemand kann Monsun anfassen. Und schon gar keinen Verband anlegen!"

„Das muss aber jemand gemacht haben. Unsere Monsun ist klug, aber ich denke nicht, dass sie sich selbst einen Verband besorgt und angelegt hat. Und sie hatte ja gestern schon diesen roten Fetzen um das Bein gewickelt. Jemand hat daraus jetzt eben einen ordentlichen Verband gemacht." Das war eine ruhige, besonnene Stimme, die Zaz bisher noch nicht gehört hatte. Vorsichtig spähte sie durch die Blätter. Es war der kräftige Junge, der immer auf diesem trägen, schweren Pferd ritt. Einer der beiden Jungs, von denen Tine erzählt hatte. Die Pferde standen entspannt unter den Bäumen und dösten im Schatten. Erstmals konnte Zaz sich die vier genauer ansehen.

Der Rappe mit der langen Mähne – das musste Feuertanz sein. Der Dicke mit dem braunen Schädel, dem braungrauen Fell und der dicken schwarzgrauen Mähne – hatte ihre Großmutter den wirklich Herr Müller genannt? Blieben noch die Pferde der beiden Mädchen: ein großer Fuchs mit weißen Beinen und einer weißen Blesse im Gesicht. Und der milchweiße Schimmel, das zierlichste der Pferde, noch schmaler als Monsun.

Die vier Reiter rätselten weiter, wer sich an Monsuns Beinen zu schaffen gemacht haben könnte.

„Ich denke, das war Tine", erklärte der Schwarzhaarige schließlich. „Vielleicht lässt sich Monsun von ihr anfassen, und sie hat uns das nur nicht gesagt. Immerhin kennt Monsun sie schon, seit sie ein Fohlen war. Das ist die einzige Möglichkeit, die ich mir denken kann. Außerdem scheint der Verband gut zu sitzen. Das kann doch nur jemand, der Ahnung von Pferden hat, oder?"

Fast hätte Zaz laut aufgelacht. Sie und Ahnung von Pferden! Wo sie doch eigentlich immer stolz darauf gewesen war, keines dieser Pferdemädchen zu sein. Aber Verbände anlegen – das konnte sie. Das lernte man in der Leichtathletik, wo man sich immer wieder mal ein Knie aufschlug oder einen Knöchel verstauchte, gleich zu Anfang.

„Wichtiger ist doch, wie wir die Sache mit diesen Radfahrern in den Griff bekommen. Die benehmen sich so, als ob der Wald ihnen gehört. Dass sich Monsun verletzt hat, liegt doch an denen. Sie geht nicht ohne Grund auf einen Menschen los. Das macht sie nur, wenn sie in die Enge getrieben wird." Wieder der Schwarzhaarige. Offensichtlich war er so eine Art Anführer.

Die Blonde schüttelte den Kopf. „Was willst du denn machen, Arpad? Wenn wir nachts ihr Lager zerstören, sind wir genauso übel wie die. Wir sollten uns einfach von ihnen fernhalten, das muss reichen. Die Pferde sind frei, die können wegrennen, wenn sie gejagt werden. So schnell sind die mit ihren Rädern auch wieder nicht …"

Fast wäre Zaz hinter ihrem Busch hervorgesprungen, um laut zu rufen, dass die Biker durchaus die Pferde quälen konnten: mit den Lautsprechern und der Jagd im Kreis. In letzter Sekunde beherrschte sie sich. Was, wenn die vier ihr nicht glaubten? Dieser Arpad – was war das denn für ein Name? – hatte ihr schließlich klar gesagt, dass sie sich nie wieder in die Nähe der Pferde begeben sollte.

„Aber sie werden immer dreister!“ Arpads Stimme wurde lauter. „Wenn man denen nicht deutlich macht, dass Schluss ist, dann machen die ständig weiter. Hast du nicht gesehen, was sie da auf der Lichtung aufgebaut haben? Beton und Plastikplanen in unserem Wald, das geht doch nicht! Und jetzt dieser Trainingsplatz! Betonklötze! Was kommt als Nächstes? Eine Halfpipe? Die machen einen Funpark aus unserem Wald!“

„Jetzt sei mal nicht so.“ Das war wieder der zweite Junge. „Wir haben Dutzende von Lichtungen hier im Wald. Wenn die aus einer davon ihren Trainingsplatz machen, dann rasen sie uns wenigstens im Wald nicht mehr über die Hufe. Mein Vorschlag: Wir warten erst mal ab. Wer will schon Krieg?“

Das schmale Mädchen, das bisher keinen Ton gesagt hatte, hob mit einem Mal den Kopf und drehte ihn seitlich. Wie ein Tier, das eine Witterung aufnahm.

„Wir sind nicht alleine", flüsterte sie so leise, dass Zaz sie fast nicht hören konnte. „Jemand belauscht uns."

Die anderen drei schienen keine Sekunde an diesem Satz zu zweifeln. Mit einer einzigen schnellen Bewegung standen sie auf und sprangen ihren Pferden auf den Rücken, gaben den Tieren ein geheimes Signal und verschwanden wie Geister im Wald. Monsun folgte ihnen.

Verdutzt blieb Zaz alleine zurück. Dieses schmale Mädchen musste überirdische Sinne haben – und ihre Freunde zweifelten keinen Moment daran, dass sie die Wahrheit sagte. Zaz hatte sich nicht gerührt, kaum zu atmen gewagt – und das Mädchen hatte sie trotzdem gehört?

Nachdenklich rieb sie ein Blatt zwischen den Fingern. Der Streit mit den Bikern war also keine neue Sache. Und eigentlich hatte Arpad recht: Ty und seine Bande hassten die Pferde sehr viel mehr, als den Reitern klar war. Die Wut in seiner Stimme war so groß wie Arpads Entschlossenheit. Wenn die beiden aufeinandertrafen, würde es womöglich Verletzte geben. Aber was konnte sie da tun?

Zum ersten Mal an diesem Tag holte sie ihren MP3-

Player aus der Tasche und stöpselte die Kopfhörer an. Nach einem kurzen Blick auf ihre Karte machte sie sich auf den Weg zurück nach Donneracker. Wenn sie ein ruhiges Lauftempo anschlug, sollte sie in einer knappen Stunde bei Tine sein. Vielleicht hatte die ja wieder Zeit, um ihr ein wenig mehr über die Pferde zu erzählen.

Sie war so sehr in Gedanken versunken – und die Musik in ihren Ohren so laut –, dass sie nichts hörte. Erst als Ty direkt vor ihr bremste, schreckte sie auf und nahm sich hektisch die Hörer ab.

„Hi! Wie geht's?", stotterte sie und sah ihn fragend an.

Er musterte Zaz und schüttelte den Kopf.

„Jetzt fragst du das? Gestern geht diese Bestie auf mich los, und du kümmerst dich einen feuchten Dreck um mich – und hast nur Augen für den Kratzer an dem Bein von diesem Gaul. Was war da denn los? Ich dachte, du willst ein Teil von unserer Gruppe sein? Oder habe ich mich da getäuscht?"

„Na ja. Ich finde, das Pferd hatte einen Grund, auf dich loszugehen. Ihr habt die Tiere ein paar Tage vorher total erschreckt, was habt ihr euch denn dabei gedacht?"

„Das hast du gesehen?" Ein Grinsen kehrte in Tys Gesicht zurück. „Das war doch total cool. Ein bisschen Lärm, und die Viecher drehen durch. Die haben nichts in der Birne, wenn sie Angst haben."

„Was hast du denn gegen sie? Der Wald ist groß genug. Außerdem gehört er meiner Oma, die kann euch doch rausschmeißen lassen!" Das hatte jetzt hoffentlich gesessen, dachte Zaz zufrieden.

„Deine Oma? Uns rausschmeißen? Wirklich nicht. Die Lady kann kaum ihre Pension am Laufen halten. Für ihren Wald hat die wirklich keinen Nerv. Wir sind in unserer Burg sicher. Bevor deine Oma uns entdeckt, wird es Weihnachten." Er drehte sich um und machte sich wieder auf den Weg. Widerwillig folgte Zaz ihm. „Jetzt reg dich nicht so wegen diesen Gäulen auf. Das sind dumme Tiere mit langen Beinen und kleinen Gehirnen – und vor allem sind sie gefährlich. Mir ist gestern echt das Herz in die Hose gerutscht, als dieses wahnsinnige Viech auf mich losgegangen ist. Wenn ich könnte, dann würde ich dafür sorgen, dass der Wald pferdefrei wird. Diese Viecher sind einfach total gefährlich – und die, die sich um die Tiere kümmern, haben sie nicht im Griff. Sitzen nur drauf wie blinde Passagiere."

Zaz blieb entsetzt stehen und sah ihn an. „Meinst du wirklich? Ich finde, das sieht doch eher aus, als ob sie zu einer Einheit werden. Wie in den alten griechischen Sagen …"

Ty verdrehte die Augen. „Das sagst du nur, weil du ein Mädchen bist. Die sehen in Pferden immer große Knuddeltiere. Dich habe ich anders eingeschätzt – aber da habe ich mich wohl getäuscht." Er warf ihr einen Blick zu, den sie nicht recht deuten konnte. „Ich dachte, du könntest vielleicht sogar eine von uns werden. Du hättest zu uns gepasst …"

Zaz schüttelte den Kopf. „Ich kann wirklich nicht gut genug Fahrrad fahren." Sie sah ihn neugierig von der Seite an. „Trotzdem: Du hast nicht ernsthaft Angst vor Pferden. Oder doch?"

Einen Moment lang zögerte Ty. Dann schüttelte er den Kopf. „Angst? Nur wenn sie komplett ausflippen, so wie gestern. Normalerweise finde ich sie nur lästig. Sie zertrampeln unsere Wege, und ihre Reiter halten sich für was Besseres. Das kann ich einfach nicht ab."

Sie hatten die Burg erreicht. Ty fischte eine Limodose aus einer Kühltasche und hielt sie ihr auffordernd hin.

„Magst du? Aber das nächste Mal bleibst du bei mir, wenn ich Probleme habe."

Am liebsten hätte Zaz ihm erklärt, dass sie immer wieder bei Monsun bleiben würde. Aber dann ließ sie sich doch neben Ty auf die Matratze fallen. Er war genau der coole Typ Junge, der sie in der Schule garantiert ignoriert hätte. Da war es einfach mal genial, von so jemandem beachtet zu werden. Durstig riss sie die Lasche der Dose ab und trank die Limo in wenigen Zügen leer. Sie konnte ja noch ein wenig sitzen bleiben, bevor sie sich auf den Weg nach Hause machte.

Falsche Freunde

Monsun schien bereits auf sie zu warten. Sie stand am Rand der großen Lichtung und äugte ihr bewegungslos entgegen. Es war genau die gleiche Zeit wie am Vortag: früh am Vormittag. Das Gras auf der Lichtung war nass vom Tau, und die Vögel hatten noch nicht aufgehört, um die Wette zu singen.

Seit Zaz Donneracker direkt nach dem Frühstück verlassen hatte, war sie durch den Wald getrabt, immer auf der Suche nach dieser Lichtung.

Die Kopfhörer hatte sie heute zu Hause gelassen. Der Gesang der Vögel, das Wispern der Blätter und die Grillen im Gras machten schon ein tolles Konzert – wer brauchte da Musik? Wenn sie nicht aufpasste, wurde sie noch ein echtes Landei. Und was das Beste war: Tine hatte noch kein einziges Mal nach dem Lernstoff für die Schule gefragt. Und jetzt das: Monsun. Konnte ein Pferd wirklich warten?

Fast sah es so aus.

„Hallo, wie geht es deinem Bein denn heute?“ Zaz nahm wieder eine Banane aus ihrem Rucksack, schälte sie und teilte die Frucht dann mit Monsun. Unglaublich, wie sanft die Stute ihr den angebotenen Leckerbissen von der Hand nahm. Zur Sicherheit hatte Zaz am Abend vorher noch im Internet gecheckt, ob das Füttern mit Bananen überhaupt in Ordnung war. Pferde waren ja keine Affen. Aber da waren sich wohl alle einig: Die süße Frucht war gesund und eine echte Leckerei für Pferde.

Danach löste Zaz vorsichtig die Bandage. Die Wunde war trocken und heilte gut ab. Sie tupfte ein Gel darauf, das sie im Apothekenschrank gefunden hatte. Angeblich sollte damit der Heilungsprozess aller Wunden beschleunigt werden. Schaden konnte es sicher nicht.

Die braune Stute schien es zu genießen, dass sich jemand um sie kümmerte. Sie schnaubte leise in Zaz' Haar, knabberte ein bisschen an ihrem Hals und rupfte immer mal wieder ein Büschel Gras ab. Bei so vielen Vertrauensbeweisen konnte Zaz es wagen: Sie versuchte, die Mähne vorsichtig zu entwirren. Dann rieb sie mit der Hand über eine verklebte Stelle an der Flanke. Schade, dass sie kein weiches Tuch dabeihatte. Sonst hätte sie sich mehr um die Pflege der Stute kümmern können.

Sie war so vertieft in ihr Tun, dass sie lange nicht bemerkte, was sich auf der Koppel verändert hatte. Erst als sie sich neben Monsun auf den Boden setzte und einfach die Wärme der Sonne im Gesicht genoss, fiel ihr plötzlich auf, dass etwas fehlte.

Der Schäferkarren war weg. Sicher, das Ding hatte Reifen und war dafür gedacht, dass man es bewegte. Aber gestern noch hatte sie nicht den Eindruck gehabt, dass der Karren häufig seinen Standort wechselte.

Sie stand langsam auf, um Monsun nicht zu erschrecken, und untersuchte die Stelle, an der sie den Karren am Vortag gesehen hatte. Die Steine, die die Reifen gesichert hatten, waren achtlos zur Seite gelegt worden. Tiefe Spuren eines schweren Autos hatten den Rasen aufgewühlt. Offensichtlich war der Schäferkarren mit einem Geländewagen davongezogen worden.

Neugierig folgt Zaz den Spuren. Wenn der Boden fester wurde, dann war es schwierig, ihnen zu folgen. Aber meistens sprachen das flach liegende Gras und geknickte Äste von Büschen eine deutliche Sprache: Hier hatte jemand kürzlich den Karren weggezogen.

Waren es die Reiter? Gestern war Zaz sich sicher gewesen, dass die vier diesen Karren für sich eingerichtet hatten. Heute glaubte sie nicht mehr so fest daran. Immerhin könnte der Wagen ja auch einem Förster gehören. Auch wenn dann die Inneneinrichtung sehr merkwürdig gewesen wäre …

Sie war so sehr in Gedanken versunken, dass sie gar nicht bemerkte, dass Monsun hinter ihr herlief. Wie ein treuer Hund hatte sich die Stute an ihre Fersen geheftet. Zaz drehte sich um und rieb ihr zwischen den Augen die Stirn. Monsun schnaubte zufrieden. Sie schien die Berührung zu genießen.

„Na, was meinst du? Wo mag der Karren sein? Sollen wir einfach weiter danach suchen? Kommst du mit?"

Ich rede mit einem Tier, stellte Zaz fest. Wie eine alte, wunderliche Dame, die Selbstgespräche führt. Ich gehe durch den Wald und plappere vor mich hin.

Monsun schnaubte wieder, und Zaz fuhr herum.
„Du meinst, du hörst mir zu?“
Wieder ein leises Schnauben.
Ungläubig schüttelte Zaz den Kopf und konzentrierte sich erneut auf die Spuren. Der Geländewagen musste immer den breiteren Weg wählen, aber nach einer guten Stunde hatte sie einen Verdacht, wo der Weg hinführte. Hatte Ty nicht von seinem großen Bruder mit dem ebenso großen Auto erzählt? Wenn dieser Bruder Betonklötze in den Wald brachte, dann zog er sicher auch Schäferkarren durch das Unterholz.
Es verging fast eine weitere Stunde, bis ihr Verdacht bestätigt wurde. Aus der Ferne hörte sie das laute Lachen der Bikergang. Offensichtlich hatten sie etwas Aufregendes zu besprechen.
Auch Monsun hörte sie. Sie warf den Kopf nach oben, blieb stehen und sah Zaz an, als ob sie sich in eine tödliche Gefahr begeben würde. Immer wieder stieg sie und schlug mit den Vorderbeinen – sie wollte Zaz keinen Schritt weiter folgen.
Das war auch besser so. Wenn Zaz mit einem Pferd im Schlepptau auftauchte, würde Ty endgültig nichts mehr

von ihr wissen wollen. Eigentlich hatte sie es genossen, gestern Abend bei ihm zu sitzen, während sie die Limo getrunken hatte. Er hatte sie nach der Schule, nach ihren Freunden und Eltern gefragt, hatte sich wirklich für sie interessiert.

Mit einem Schlag blieb sie stehen. Der Schäferkarren! Direkt neben den Betonblöcken war er abgestellt, und alle Biker standen drumherum. Sie klopften sich gegenseitig auf die Schultern und lobten sich offenbar für ihre tolle Idee. Hatten sie ihn einfach gestohlen?

Oder bildete sie sich das ein? Vielleicht gehörte das Ding ja wirklich ihnen?

Sie stellte sich zwischen die anderen. Ty winkte ihr zu und lachte breit. „Jetzt werden wir diese Reiter endlich los. Ohne ihren Karren wissen die doch nicht, was sie bei Regen machen sollen!"

„Ihr habt den Karren einfach geklaut?" Zaz' übelste Befürchtungen waren also wahr.

„Geklaut ist jetzt aber ein strenges Wort." Er sah triumphierend in die Runde, und mit einem Schlag wusste Zaz nicht mehr, was sie an ihm eigentlich toll gefunden hatte. Er war so sehr von sich überzeugt, dass es einfach nicht zu ertragen war. Er legte den Kopf schief. „Ich würde sagen, wir haben ihn gekidnappt. Und wir geben ihn wieder her, wenn sie unsere Bedingungen erfüllen."

„Und was soll das sein? Sollen sie euch neue Räder kaufen? Geld zahlen? Du hast doch einen Knall!" Zaz spürte, dass alle sie ansahen. Sie wurde rot. Sie stand nicht gerne im Mittelpunkt.

„Ganz einfach: Sie sollen sich aus unserem Wald verziehen. Für immer. Wenn wir lieb sind, dann dürfen sie eine Wiese behalten, wir sind ja keine Unmenschen!" Sein Lächeln war falsch. Warum war ihr das vorher nicht aufgefallen?

Zaz holte tief Luft. „Ich habe es dir doch schon erklärt: Der Wald gehört meiner Oma. Ebenso wie drei der Pferde. Sie kann euch jederzeit rauswerfen."

„Deine neue Freundin hat jetzt aber wirklich keine Ahnung!", mischte Nala sich ein. „Hast du ihr nicht gesagt, dass dein alter Herr der Chef der Stadtbank ist? Und dass ihre Oma mehr Schulden als Haare auf den Zähnen hat? Der gehört nicht einmal der Dreck unter ihren Fingernägeln. Der Wald nicht und ganz bestimmt nicht die Pferde. Das gehört alles der Bank."

Geld. Es gab zu wenig davon. Deswegen war Tines Angestellte noch immer nicht aufgetaucht. Das musste der Grund sein, warum sie immer selbst am Herd stand. Es fühlte sich für einen Augenblick so an, als hätte Zaz kleine Eiswürfel hinuntergeschluckt. Das perfekte Landidyll war also eine einzige große Lüge.

Trotzdem: Niemand durfte einem anderen einfach etwas wegnehmen! Sie nahm all ihren Mut zusammen und deutete auf den Karren: „Du benimmst dich, als würde der Wald dir gehören. Aber wenn ich in der Schule richtig aufgepasst habe, dann gehört dem Chef einer Bank nicht automatisch alles, was die Bank besitzt. Warum musst du diesen Karren klauen? Kann dir dein Papa so ein Ding nicht einfach kaufen? Dann hast du auch was zum Spielen!"

„Ach, du hast so was von keine Ahnung. Ich will, dass diese Viecher ein für alle Mal aus dem Wald verschwinden. Das ist unser Revier! Verstehst du das nicht?"

Zaz machte einen Schritt nach hinten. „Nein. Und ich will es auch nicht verstehen. Wie man einem anderen etwas klauen kann. Wie man glauben kann, so etwas wie diesen Wald könnte man alleine besitzen. Warum man nur an sich selber denkt und nie an andere. Nein, das will ich nicht verstehen. Macht euren Krieg alleine, ich bin da raus!"

Damit drehte sie sich um und rannte los. Sie sah sich einige Male um, aber niemand folgte ihr. Warum auch? Sie war ja nur das Ferienmädchen, die Enkelin der Waldbesitzerin. Von ihr ging keine Gefahr aus, egal wie zornig sie war. Erleichtert lief sie weiter.

Sie erinnerte sich an den Zorn in den Augen des dunkelhaarigen Jungen, als er dachte, dass sie zu diesen Bikern gehörte. Vielleicht war er gar nicht so übel, sondern hatte nur den Wald der Pferde vor diesen Angebern mit den schwarzen Rädern bewahren wollen?

So oder so: Sie musste die Reiter finden und ihnen erzählen, was mit ihrem Schäferkarren passiert war. Vielleicht vermissten sie ihr Versteck noch gar nicht. Das Wetter war wunderbar, und sie brauchten im Augenblick keinen Schutz vor Regen oder gar Frost. Es mochte ja sein, dass sie unfreundlich waren. Und von sich selbst sehr überzeugt. Aber trotzdem: Selbst hochnäsigen Reitern durfte man nichts klauen.

Unwillkürlich setzte Zaz sich in einen leichten Joggingtrab. Sie hatte keine Ahnung, wo sich diese Reiter herumtrieben, aber sie war fest entschlossen, sie zu finden. Es dauerte ein Weilchen, bis sie die Schritte hinter sich hörte. Als sie herumfuhr, sah sie direkt in die dunklen Augen von Monsun. Die Stute war ihr offensichtlich die ganze Zeit gefolgt, seit sie das Lager der Biker verlassen hatte.

Hatte sie Zaz gestern nicht zu den Reitern geführt? Sie streichelte ihr über die Stirn. „Vielleicht ist es besser, wenn wir die Rollen tauschen und ich dir folge? Wo sind denn deine Freunde?"

Fast sah es so aus, als ob Monsun sie verstehen würde. Sie wartete ein Weilchen, als würde sie nachdenken, dann drehte sie sich um und verschwand zwischen zwei Bäumen. Zaz folgte ihr mit ein paar Metern Abstand und hoffte, dass Monsun sie auch heute zu den anderen Pferden und vor allem zu den Reitern führen würde. Oder wenigstens zu Arpad.

Dieses Mal schien das braune Pferd sich nicht so sicher zu sein, ob es in die richtige Richtung lief. Immer wieder blieb es stehen, hob die Nüstern und änderte dann die Richtung. Hätte Zaz jemand zugesehen, dann hätte er sie für verrückt gehalten, dachte sie. Sie rannte hinter einem Pferd her, das keiner erkennbaren Richtung folgte. Und doch: Plötzlich fiel Monsun in einen lockeren Trab. Zaz blieb ihr auf den Fersen, so gut es irgendwie ging. Sie musste allerdings schnell begreifen, dass Pferde flott unterwegs waren – auch dann, wenn es nur nach einem entspannten Trab aussah. Sie fing an zu schwitzen und geriet außer Atem.

Keine Viertelstunde später hielt Monsun mitten in der Bewegung an. Sie hatte einen großen Stein erreicht. Davor saß Arpad mit seinen Freunden. Er sah Monsun und Zaz mit gerunzelter Stirn an.

„Habe ich dir nicht gesagt, dass du hier im Wald nichts verloren hast? Und warum rennst du hinter einem unserer Pferde her, wenn es offensichtlich vor dir wegrennt? Lass sie gefälligst in Ruhe." Seine Stimme klang gereizt.

Langsam wischte Zaz sich den Schweiß von der Stirn. „Glaubst du wirklich, Monsun könnte mir nicht davonlaufen? Sie hat mich hierhergeführt."

Gelächter war die Antwort.

Seine Stimme klang verächtlich. „Sicher. Wie Lassie. Gleich dreht sie sich noch um und wiehert nach dir.

Lass dir gesagt sein: Monsun gehört niemandem. Und sie mag Menschen nicht. Warum sollte sie also eine Ausnahme für dich machen? Träum weiter."

Sollte sie vielleicht einfach gehen? Diese vier konnten auch ohne sie nach dem Karren suchen. Sie würde hier in ein paar Wochen wieder verschwinden, ihr konnte es wirklich egal sein, wer hier im Wald das Sagen hatte. Aber wenn die Biker gewannen, dann würde auch Monsun leiden, ganz bestimmt.

Also zwang Zaz sich dazu, noch einmal tief durchzuatmen. „Am besten bist du jetzt mal still und hörst mir einfach zu."

Sie sah, wie Arpad und diese Ann-Sophie neben ihm auffuhren und ihr wohl am liebsten noch deutlicher gemacht hätten, dass sie hier nichts verloren hatte.

Zaz hob die Hand. „Erstens: Euch wurde euer Schäferkarren geklaut. Ich weiß, wo er steckt, und will euch helfen. Zweitens: Monsun lässt sich von mir anfassen. Was glaubt ihr denn, wer sie versorgt hat? Meine Oma bestimmt nicht. Die ist mit ihrer Pension beschäftigt. Und damit kommen wir zum dritten Punkt: Feuertanz, Müller und Monsun gehören meiner Oma. Genauso wie

der ganze Wald. Ich denke nicht, dass ihr mir hier etwas zu sagen habt. Verstanden?“
Sie atmete wieder aus.
Die vier sahen sie überrascht an. Anscheinend hatten sie nicht mit so einer Rede gerechnet. Und sie hatten auch noch nicht bemerkt, dass ihr Karren nicht mehr an seinem Platz stand.
Keiner sagte ein Wort. Das Mädchen mit der hellen Haut sah über ihre Schulter und lächelte vor sich hin. Die machte wirklich einen seltsamen Eindruck.
„Der Karren?“ Der dicke Junge sprang auf. „Weg? Wie soll das gehen? Und wo ist er?“
„In der Burg der Biker. Sie haben ihn mit einem Geländewagen dorthin geschleppt, damit ihr versteht, dass die Radfahrer keine Reiter in diesem Wald haben wollen. Wenn ihr den Karren wiederhaben wollt, dann müsst ihr euch wohl mit denen treffen.“
Arpad stand auf und machte zwei Schritte auf sie zu. Unwillkürlich ging Zaz einen Schritt zurück.
„Gehörst du zu diesen Bikern?“ Er stand jetzt direkt vor ihr und war bestimmt einen Kopf größer als sie. Wenn nicht mehr.

„Ich mache hier Urlaub. Ich gehöre zu niemandem. Höchstens zu den Läufern, aber ich bin wohl die Einzige hier im Wald, die herumrennt."

„Und warum hast du uns jetzt gesucht? Nur um uns diese Drohung zu überbringen?" Arpad kam ihr noch näher.

Wieder machte sie einen Schritt nach hinten und stieß gegen Monsun, die immer noch mitten auf dem Weg stand. Zaz legte der Stute eine Hand auf die Flanke.

„Was heißt hier, ich überbringe eine Nachricht? Was soll der Blödsinn? Ich habe gesehen, dass der Karren weg war, als ich Monsuns Bein versorgt habe. Dann bin ich den Spuren gefolgt und habe das Ding bei den Bikern stehen gesehen, die sich vor Glück fast in die Hose machen. Die glauben jetzt wirklich, dass sie euch im Griff haben. Und dann habe ich mir gedacht, ihr solltet davon wissen, und bin hierhergekommen. Ich bin eine von den Guten, verstehst du das nicht?"

Erst jetzt merkte sie, dass Arpad sie gar nicht mehr ansah. Er starrte ihre Hand an, die immer noch auf der Flanke von Monsun lag. Der dicke Junge und die Blonde taten es ihm gleich. Nur das andere Mädchen sah immer noch versonnen in den Himmel.

„Wie machst du das?“ Er deutete auf ihre Hand.
Achselzuckend hob Zaz die Hand. „Hand auf Fell. Einfache Sache. Schau!“ Sie nahm die Hand hoch und legte sie wieder zurück auf Monsuns Seite.
Arpad schüttelte den Kopf. „Sie lässt sich von niemandem anfassen“, flüsterte er schließlich. „Wir haben alles probiert. Jahrelang. Sie will es nicht. Und dann kommt so ein kleines Mädchen wie du …“
Zaz funkelte ihn an. „Wahrscheinlich hat sie bessere Menschenkenntnis als du. Oder ich bin irgendwie meinem Großvater ähnlich, und sie erinnert sich an ihn, wenn sie mich sieht. Keine Ahnung.“
Das Mädchen, das bisher so abwesend gewirkt hatte, stand auf und stellte sich neben Arpad.
„Er meint es nicht so, sei ihm nicht böse. Arpad glaubt, dass die ganze Welt sein Feind ist, da fällt es ihm hin und wieder schwer, normal mit jemandem umzugehen. Aber keine Sorge: Wenn er sich erst einmal an dich gewöhnt hat, dann ist er gar nicht so schlimm.“ Sie lächelte, streckte die Hand aus und erklärte: „Ich bin Fee. Danke, dass du uns geholfen hast.“
Ihr Blick ging dabei immer noch Richtung Himmel,

aber aus der Nähe war klar, dass die Sonne für diese Augen nicht schien. Fee war blind.

Einen winzigen Moment zögerte Zaz. Dann ergriff sie die schmale Hand und drückte sie. „Ich bin Zaz."

Der dicke Junge nickte. „Lukas." Und mit einem Nicken zu seinem Pferd erklärte er: „Und das ist Herr Müller. Aber das hat dir ja schon deine Oma gesagt."

Aus der Nähe sah Herr Müller noch kräftiger aus. Alles an ihm war gewaltig: sein großer Kopf, die dicke Mähne, der massige Körper mit den starken Beinen.

„Hat sie." Zaz deutete auf den Rappen mit der langen, welligen Mähne, der direkt hinter Arpad stand. „Und das muss Feuertanz sein."

Die Blinde pfiff leise, und ihr schneeweißes Pferd stellte sich neben sie. „Dann musst du auch Luna kennenlernen."

Luna musterte Zaz aus ihren großen schwarzen Augen. Sie war wirklich noch zierlicher und schmaler als Monsun. Ihre Beine waren so dünn, dass es unwahrscheinlich schien, dass sie den Körper tragen konnten.

Als Letzte stand Ann-Sophie noch abseits. Sie hob nur die Hand. „Ann-Sophie. Und Kronos."

Zaz sah sich Kronos an. Ein dunkler Fuchs mit vier weißen Beinen und einer breiten weißen Blesse. Er sah am ehesten wie ein normales Pferd aus. Obwohl er ganz schön groß war, wie Zaz sich eingestehen musste.

Ann-Sophie redete weiter: „Was sollen wir jetzt machen? Hast du eine Idee? Es sieht aus, als ob du die Biker ganz gut kennengelernt hast. Obwohl es mir für immer ein Rätsel ist, wie man mit solchen Vollpfosten überhaupt ein Wort wechseln kann."

Zaz funkelte Ann-Sophie an. „Wenn es solche Vollpfosten wären, dann hätten sie euch nicht einfach den Karren unter dem Hintern davonklauen können. Was die wollen? Ehrlich, ich weiß es nicht. Sie wollen euch aus ihrem Revier vertreiben, so viel ist klar. Aber wie sie das anstellen wollen, haben sie mir nicht erklärt. Ich fürchte, ihr werdet euch mit ihnen treffen und es selber herausfinden müssen."

„Kreuzverschlag und Hufbeinbruch." Arpad sah in die Runde. „Zaz hat wahrscheinlich recht. Wo finden wir diese Angeber denn?"

„In ihrer Burg, nehme ich an. Sie müssen ja ihre Beute bewachen."

Arpad holte tief Luft. „Bringen wir es besser hinter uns."

Zaz hob eine Hand. „Dann wünsche ich euch viel Glück. Wir sehen uns sicher noch."

„Du willst gehen?" Völlig entgeistert sah Arpad sie an.

Zaz zuckte mit den Schultern. „Das hier ist nicht mein Krieg. Ich gehöre nicht zu den Bikern und nicht zu euch. Was soll ich also bei so einem Treffen? Ihr braucht mich nicht."

Damit drehte sie sich um und wollte gehen. Vor ihr wartete Monsun. Sie hatte sich quer über den Weg gestellt und sah sie aus ihren großen dunklen Augen an. Zaz streichelte der Stute über die Stirn. „Komm, Süße, lass mich durch."

Monsun rührte sich keinen Zentimeter.

Vorsichtig drückte Zaz gegen die Flanke, um das Pferd zur Seite zu schieben. Nichts. Monsun sah sie immer noch mit freundlich gespitzten Ohren an und schien nicht zu verstehen, warum Zaz jetzt gehen wollte.

Peinlich. Aus ihrem schnellen Abgang wurde wohl nichts. Wahrscheinlich zogen die anderen hinter ihrem Rücken schon Grimassen und machten sich über sie lustig.

Mit hochrotem Kopf versuchte Zaz sich an der Brust

der Stute vorbeizuschieben. Aber Monsun machte einfach einen Schritt nach vorne. Damit war der Weg abgeschnitten.

Endlich drehte Zaz sich um. „Kann mir einer helfen? Wie mache ich ihr klar, dass ich an ihr vorbeiwill?"

Zum ersten Mal schlich sich ein Lächeln auf Arpads Gesicht. „Gar nicht. Wenn Monsun möchte, dass du bei uns bleibst, dann musst du tun, was sie sagt. Komm mit uns zu den Bikern. Dann sind wir einer mehr. Das kann ja nur gut sein." Er wurde wieder ernst. „Aber jetzt los. Sonst wird es zu spät, und die Radfahrer sitzen wieder bei Mami und Papi am Abendbrottisch. Ich möchte keine Zeit verlieren, unseren Karren zurückzuholen."

Die anderen nickten und schwangen sich mühelos auf ihre Pferde. Entnervt blies Zaz sich eine Haarsträhne aus dem Gesicht. Toll. Alle saßen hoch zu Ross, und sie durfte zu Fuß nebenherrennen. Bei den Bikern hatte sie wenigstens ein Fahrrad bekommen.

Monsun drängte sie in den Pfad, auf dem alle verschwanden.

„Ist ja gut", murmelte Zaz. „Ich komme ja mit. Du kannst aufhören, mir zu sagen, was ich tun soll."

Verabredung zum Wettkampf

An der Spitze der Gruppe unterhielten Ann-Sophie und Arpad sich halblaut über ihre Strategie gegen die Biker. Wenn Zaz das richtig verstand, dann spielten Begriffe wie „über den Haufen reiten" und „Denkzettel verpassen" eine ziemlich große Rolle. Direkt hinter den beiden waren Lukas und sein gemütlicher Herr Müller unterwegs. Lukas schien völlig in Gedanken versunken und sagte kein Wort. Ebenso wenig wie Fee, die so entspannt auf ihrer Luna saß, als wäre sie in ihrem Wohnzimmer auf dem Sofa.

Zaz beobachtete den Trupp von hinten, wo sie neben

Monsun herlief. Ein merkwürdiger Haufen. Alle schienen sich ohne große Worte zu verstehen, jeder wusste, was seine Aufgabe war. Keine Ahnung, warum sie denen jetzt hinterherstolperte. Immerhin war sie nicht gefesselt.

Sie könnte sich einfach umdrehen und weggehen.

Warum tat sie das dann nicht? Das hier war kein Streit, mit dem sie irgendetwas zu tun hatte. Und die Reiter waren ja auch nicht ihre neuen besten Freunde. Sie hatte gerade erst erfahren, wie sie überhaupt hießen.

Nachdenklich legte sie die Hand auf den warmen Hals von Monsun. Sie gehörte hier nicht her. So wenig wie sie überhaupt jemals irgendwo dazugehören würde. Daran würde auch ein Pferd, das aus irgendeinem Grund ausgerechnet zu ihr Vertrauen gefasst hatte, nichts ändern.

Aber Monsun lief neben ihr her, als wäre es das Selbstverständlichste der Welt. Und Zaz musste zugeben, dass sie sich allmählich an ihre große Begleiterin gewöhnte.

Sie bewegten sich nur im Schritt vorwärts, die anderen wollten sie also nicht abhängen. Und so dauerte es eine ganze Weile, bis Arpad seine Hand hob. Alle hielten an.

„Wir sind gleich in der Burg. Was sollen wir tun? Ich finde, es ist nur richtig, wenn wir klarstellen: Gebt uns das Ding zurück! Keine Verhandlung. Diebstahl bleibt Diebstahl, das kann nicht in Ordnung sein."

„Und du denkst wirklich, die sagen: *Oh, das haben wir nicht bedacht, hier ist der Karren*?" Das war Lukas. „Die wollten uns ärgern, und das haben sie geschafft. Wir müssen rausfinden, wie wir das beenden können. Und dafür müssen wir die Nerven bewahren. Cool bleiben."

„Quatsch. Wenn wir mit unseren Pferden auf sie zugaloppieren, dann werden sie Schiss kriegen!" Arpad war wütend – und offensichtlich spürte Feuertanz das. Der schwarze Hengst fing an zu tänzeln, schnaubte und schüttelte ungebärdig seine Mähne. Furchterregend sah das aus, fand Zaz. Aber sie war auch leicht zu beeindrucken. Im Gegensatz zu den Bikern.

„So leicht kannst du denen keine Angst machen, Arpad!" Zaz war von sich selbst überrascht. Eigentlich behielt sie ihre Meinung immer für sich. Aber sie konnte Arpad nicht einfach in Tys Falle laufen lassen. „Du gibst dann zu, dass sie erreicht haben, was sie wollen: dich ärgern." Seine Hand griff noch fester in die Mähne. Feuertanz stieg, drehte sich auf der Hinterhand – und sprang dann im Galopp die letzten Meter in Richtung der Bikerburg. Seine drei Mitstreiter zögerten keine Sekunde. Auch ihre Tiere preschten los, Erdbrocken flogen von ihren Hufen durch die Luft.

Einer traf Zaz mitten auf die Stirn. Verärgert wischte sie den Dreck ab. „Diese Vollidioten", murmelte sie der Stute an ihrer Seite zu. „Die tauchen jetzt mit ihren Pferden auf, als ob sie Cowboy und Indianer spielen wollten. Darauf haben die doch bestimmt nur gewartet …"

Langsam näherte sie sich der Bikerburg.

Mit einem Schlag wurde es laut: scheppernde Musik aus kleinen Lautsprechern, genau so, wie Zaz sie schon einmal gehört hatte. Sie spürte, wie Monsun sich verkrampfte und ängstlich schnaubte.

„Das ist nur Lärm, sonst nichts", flüsterte sie und klopfte der Stute so auf den Hals, dass es hoffentlich beruhigend wirkte. Sie näherte sich weiter dem Lager, und als sie um den letzten Baum bog, konnte sie erkennen, was passiert war: Arpad und seine Reiter waren auf die Lichtung galoppiert und dann von den Bikern mit ihren Lautsprechern von allen Seiten umzingelt worden.

Jetzt sahen die Pferde nicht mehr beeindruckend aus, sondern standen eng aneinandergepresst mit vor Angst geweiteten Augen da. Ty und seine Freunde genossen den Anblick offensichtlich. Sie johlten und schrien, um den Pferden noch mehr Angst einzujagen.

Dann hob Ty einen Arm, und mit einem Schlag wurde es still. Zaz ging noch etwas näher heran, damit sie auch wirklich alles hören konnte, was da gesprochen wurde.

„Wir haben euren komischen Karren. Ich nehme an, deswegen seid ihr hier?“ Ty klang sehr von sich überzeugt.

Arpad funkelte ihn wütend an, während er seinen Feuertanz zu beruhigen versuchte. „Das ist Diebstahl. Wir sind bereit, nichts weiter zu unternehmen, wenn ihr uns den Karren zurückbringt.“ Er versuchte, möglichst selbstsicher zu klingen. Auf einem Pferd, das in Angstschweiß gebadet war, wirkte er nicht besonders überzeugend.

Zaz ballte ihre Hände zu Fäusten, so sehr ärgerte sie sich über Ty.

Der lachte nur.

„Ich glaube nicht, dass du irgendetwas zu fordern hast. Verzieht euch aus unserem Wald, wohin auch immer. Wir werden euch den Schäferkarren dorthin bringen.

Im Gegenzug zu eurem Ehrenwort, euch nie wieder hier in unserem Wald blicken zu lassen. Verstanden?"
„Und wohin sollen wir eurer Meinung nach die Pferde bringen?" Arpad klang überrascht.
„Das ist uns egal. In die Wurst, auf den Parkplatz vom nächsten Supermarkt oder als Geschenk an Bibi und Tina: euer Problem. Hauptsache, wir müssen die Biester nicht mehr sehen." Ty musterte die vier Pferde und ihre Reiter. Verächtlich zog er einen Mundwinkel nach unten. „Ihr hättet euch ein cooleres Hobby aussuchen sollen als ausgerechnet diese Reiternummer. Sind doch ziemlich unpraktisch, diese Viecher. Brauchen viel Futter, noch mehr Platz und machen ständig Dreck."
„Sollten die so cool wie eure Bikes sein? Die ständig platt sind oder wo die Kette rausspringt? Nein, danke." Jetzt war es an Arpad, höhnisch zu klingen. „Unsere Tiere sind viel geländegängiger als eure sogenannten Dirtbikes. Die allesamt im echten Dreck stecken bleiben."
„Im Gegensatz zu euren Tieren, die immer hinken oder Angst um ihre Füße haben … Klar, da bin ich aber traurig, dass ich ein Bike habe." Tys Stimme klang herablassend.

Arpad zog eine Augenbraue nach oben. „Dann lasst uns doch ein Rennen machen. Bike gegen Pferd. Wer gewinnt, dem gehört der Wald."

Es wurde still auf der Lichtung.

Zaz konnte kaum glauben, was sie da gehört hatte. Arpad wollte allen Ernstes einen Wettkampf zwischen den Bikern und den Reitern? Ein Rennen? Sie konnte Ty ansehen, dass er ebenso überrascht war. In seinem Gesicht arbeitete es. Er sah in die Runde seiner Biker und hoffte wohl, dort eine Antwort auf die Herausforderung zu finden. Aber alle sahen nur ihn an.

Langsam nickte Ty. „Okay. Ein Wettrennen. Fair ausgetragen zwischen Bikern und Reitern. Auf einem Parcours, den wir bauen. Die fünf Besten von uns gegen euch fünf. Alle müssen es bis ins Ziel schaffen. Die Hindernisse müssen von mindestens einem der Gruppe bewältigt werden."

Arpad sah sich verwirrt um. „Wir sind keine fünf. Wir haben fünf Pferde, aber eines davon hat keinen Reiter."

Ty legte den Kopf zur Seite und ließ ein böses Lachen hören. „Ach, das gefährlichste der Biester, das mich erst vor ein paar Tagen angefallen hat, kann man gar nicht reiten? Dann habt ihr wohl verloren, bevor es losgegangen ist. Denn eine Sache ist ja klar: Unsere Bikes können von jedermann geritten werden. Also: klarer Sieg für uns! Oder siehst du das anders?“

Arpad sah sich um. Er und seine Freunde saßen immer noch auf ihren Pferden, die sich inzwischen ein wenig beruhigt hatten. Lukas und Ann-Sophie sahen Ty wütend an, während Fee irgendwie unbeteiligt in den Himmel blickte. Eine merkwürdige Truppe. Vor allem mit Monsun, die am Rand der Lichtung stand und mit hochgerissenem Kopf Ty anstarrte. Wahrscheinlich würde sie ihn am liebsten anfallen. Aber einen Menschen auf ihrem Rücken dulden? Wohl kaum. Dabei ging es jetzt wirklich um alles.

Zaz schmerzte die Hand, so fest hatte sie vor Wut eine Faust gemacht. Keiner bemerkte sie, Monsun stand direkt vor ihr.

„Also? Gibst du zu, dass du verloren hast?“ Ty sah Arpad siegessicher an. „Verschwindest du für immer und sorgst dafür, dass wir nie wieder in eurer Pferdescheiße ausrutschen?“

Zaz spürte, wie es in ihr kochte. Es konnte doch nicht

sein, dass Ty klaute, die Regeln festlegte und dann mit seiner miesen Tour auch noch durchkam. Gab es denn keine Möglichkeit, das zu verhindern?

Sie sah Monsun an. Die Stute spürte die Anspannung, die in der Luft lag. Jeder Muskel in ihr war gespannt, die Ohren so straff gespitzt, dass sie sich fast berührten.

„Warum lässt du keinen an dich ran?", murmelte Zaz. „Dann würdest du es allen zeigen, oder? Dann müsste dieser Ty mit seinem blöden Fahrrad einpacken."

Monsun drehte ihr den Kopf zu und blies ihr ins Gesicht. Die dunklen Augen sahen sie fragend an. Zumindest bildete Zaz sich das ein. Was ziemlich idiotisch war. Sie sah in diesem Pferd immer mehr einen Menschen.

Nachdenklich fuhr Zaz mit der Hand über den Rücken von Monsun. Es konnte doch nicht so schwer sein zu reiten. Lukas sah kaum wie ein großer Sportler aus – und trotzdem schwang er sich immer total lässig auf den massigen Herrn Müller. Und wenn sie Monsun reiten könnte, dann würde Ty sich diesem Rennen stellen müssen …

Mit einem Mal war ihr völlig klar, was sie machen musste. Sie trat einen Schritt vor.

„Das Rennen findet in 14 Tagen statt!“
Das Gejohle der Biker übertönte ihre Stimme.
Also räusperte sie sich und versuchte es noch einmal lauter. „Das Rennen findet in zwei Wochen statt. Ich mache mit.“
Jetzt flogen alle Köpfe zu ihr herum. Arpad sah sie mit einem Blick an, der irgendwo zwischen Dankbarkeit und völligem Unglauben schwankte. Tys Mund stand einfach offen. Was ihm keinen sehr intelligenten Ausdruck gab, wie Zaz befriedigt feststellte.
„Wenn ihr dann gewinnt, könnt ihr immer noch jubeln, dass ihr gewonnen habt. Es könnte allerdings auch sein, dass ihr für immer verschwinden müsst.“ Sie nickte in Richtung der Betonblöcke. „Dann könnt ihr diese Dinger auch wieder einpacken.“
Sie war überrascht, wie laut ihre Stimme klang. Das konnte allerdings daran liegen, dass sie ihr laut schlagendes Herz in ihren Ohren übertönen musste. Was hatte sie sich da nur angetan?
Sie biss sich auf die Lippen. Jetzt gab es keinen Weg mehr zurück. Arpad sah ihr einen langen Moment in die Augen. Dann nickte er Ty zu. „Also heute in 14 Tagen.

Gleich morgens um neun Uhr. Wir kommen hierher, und du zeigst uns deinen Parcours. Mindestens einer muss ein Hindernis überwinden, alle fünf müssen ins Ziel. Abgemacht?“

„Abgemacht.“

Die Biker rückten zur Seite, damit die anderen davonreiten konnten.

Arpad drückte seinem Feuertanz die Fersen in die Seite, und die vier Reiter verließen die Burg der Biker. Zaz wünschte sich nichts sehnlicher, als dass sie jetzt auf Monsuns Rücken springen und sich ihnen anschließen könnte.

Aber leider sah der Pferderücken ziemlich hoch aus. Ihr blieb nichts anderes übrig, als den anderen wieder hinterherzulaufen. Ausgerechnet jetzt stolperte sie über eine Wurzel.

Mit hochrotem Kopf sah sie stur auf den Boden und blieb einfach hinter Monsuns Schweif, der gelassen von links nach rechts wedelte, als sie sich auf den Weg machten.

Bis hinter ihrem Rücken wieder die scheppernde, laute Musik erklang. Alle Pferde machten einen gewaltigen

Satz nach vorne und jagten in wilder Panik in den Wald. Nur Zaz trottete hinterher. Damit wirklich jeder merkte, dass sie ihren Mund in Sachen Reiten ganz schön voll genommen hatte.

Schritt für Schritt zur Reiterin

„Jetzt müssen wir dir also in zwei Wochen das Reiten beibringen." Arpad sah Zaz nachdenklich von oben bis unten an. „Wahrscheinlich ist es nicht schlecht, dass du so sportlich bist. Aber es wird trotzdem hart. Ich verspreche dir jetzt schon den übelsten Muskelkater deines Lebens."

Zaz sah auf ihre Füße. In was hatte sie sich da nur reingeredet? Sie machte doch sonst nie etwas Unüberlegtes. Im Gegenteil, sie war das Mädchen, das immer lieber auf der Ersatzbank sitzen blieb.

„Hast du nicht etwas vergessen?"

Überrascht sah Zaz auf. Das war die Stimme von Fee. Und die redete meist nicht viel, sondern war mit ihrem abwesenden, träumerischen Blick immer in ihrer eigenen Welt unterwegs.

„Was denn?" Man hörte deutlich, dass Arpad genervt war.

„Wenn Zaz sich nicht gemeldet hätte, könnten wir jetzt schon nach einem neuen Zuhause für die Pferde suchen. So haben wir wenigstens einen Aufschub von zwei Wochen. Und wenn Zaz es wirklich schafft, sich so schnell auf dem Pferderücken zurechtzufinden, dann vielleicht sogar mehr als das. Wir sollten uns also erst einmal bedanken, dass sie uns den Arsch gerettet hat. Den du durch dieses dämliche Rennen ja erst einmal verwettet hast."

Arpad fuhr auf. Dann atmete er noch einmal durch und schien darüber nachzudenken, was Fee gesagt hatte. Schließlich drehte er sich zu Zaz um. „Fee hat recht. Wie meistens. Danke, dass du dich gemeldet hast. Willst du das jetzt wirklich durchziehen, oder wolltest du uns nur einen kleinen Aufschub verschaffen?"

„Meint ihr denn, dass ich es so schnell lernen kann?" Zaz

sah in die Runde. „Ich habe noch nie auf einem Pferd gesessen."

„Dann fangen wir doch damit an!", schlug Fee vor. „Wir reiten eine kleine Runde, und du setzt dich zu einem von uns auf das Pferd. Dann spürst du die Bewegung und schaust, ob du dich wohlfühlst. Danach sehen wir weiter. Immer ein Schritt nach dem anderen. Okay?"

Zaz sah in die Runde. „Okay. Auf wem ist es denn am bequemsten?"

Gelächter schallte durch den Wald. Drei Zeigefinger deuteten auf Lukas und seinen gemütlichen Herrn Müller. Grinsend streichelte Lukas den breiten Hals seines Pferdes. „Alle beneiden mich um mein Sofa, das kannst du mir glauben!"

„Na dann, los! Es wird bald dunkel. Und irgendwann macht sich meine Oma doch Sorgen um mich." Entschlossen ging Zaz auf den großen Herrn Müller zu.

Der wandte ihr sein braunes Gesicht zu und sah ihr freundlich entgegen. „Er hat eine nette Farbe, der braune Kopf und der gesprenkelte Rest sehen lustig aus", bemerkte sie und blieb ratlos vor ihm stehen. „Aber wie komme ich da rauf? Hat jemand eine Leiter für mich?

Es gibt bei dem Rennen doch keine Regel, wie ich aufs Pferd komme, oder?"

Wieder Gelächter. Aber dieses Mal lachten sie nicht mehr über Zaz, sondern mit ihr.

Arpad hielt ihr eine Hand hin. „Stell dich mit dem Rücken zu Müllers Kopf, halt dich mit der linken Hand in seiner Mähne fest. Lege deinen linken Fuß in meine Hand und spring ab. Ich gebe dir ausreichend Schwung, damit du dein Bein über die Kruppe bringst. Auf drei. Eins, zwei …"

Noch bevor er *drei* sagen konnte, schnaubte Monsun zornig und drängte sich heftig zwischen Zaz und Müller. Zaz sprang zurück, Arpad stolperte und fiel hin.

Jetzt stand Zaz nicht mehr vor dem gemütlichen Müller, sondern vor der drahtigen, dünnen Monsun. Die Stute stampfte mit einem Huf auf und schüttelte ihre Mähne.

Arpad runzelte die Stirn. „Wenn ich es nicht besser wüsste, dann würde ich sagen, sie möchte nicht, dass du ein anderes Pferd reitest." Er sah Zaz an und schüttelte den Kopf. „Aber sie hat in ihrem Leben noch keinen Reiter auf dem Rücken gehabt. Das ist viel zu gefährlich. Wir sollten wirklich besser mit Müller anfangen."

Zaz streckte die Hand aus und streichelte Monsun beruhigend über den Hals. „Ich fürchte, das wird sie nicht dulden. Hilf mir auf ihren Rücken. Mehr als dass ich sofort runterfalle, kann doch nicht passieren, oder?"

„Wenn du meinst …" Kopfschüttelnd sah Arpad zu, wie Zaz sich an Monsuns verfilzter Mähne festhielt und ihm einen Fuß entgegenstreckte.

„Eins, zwei, drei!"

Sie sprang ab und landete auf dem überraschend schmalen Rücken der Stute. Vorsichtig richtete sie sich auf. „Und jetzt?"

„Wir reiten ganz langsam und gemütlich in Richtung Donneracker. Hoffentlich läuft Monsun einfach mit. Dann musst du dich nur festhalten. Sollte irgendetwas passieren, fasst du ihr in die Mähne und versuchst, das Gleichgewicht zu halten." Arpad sah Zaz an. „Keiner hat jemals auf Monsun gesessen. Erwarte also nicht, dass wir dir sagen können, wie sie reagiert. Aber wir erklären dir, wie das mit dem Reiten geht. Wie man Befehle geben kann, die deine Monsun versteht. Wobei Befehle der falsche Ausdruck ist … Da wir weder Gerten, Sporen, Trensen noch Sättel verwenden, würde ich eher von

Bitten sprechen. Bei uns sind die Pferde Partner, keine Sportgeräte."

Zaz streichelte Monsun beruhigend den Hals. Es wirkte nicht gefährlich. Im Gegenteil: Monsun stand entspannt da und sah sich neugierig nach Zaz auf ihrem Rücken um.

Alle schwangen sich auf ihre Pferde. Bei ihnen sah es so leicht und selbstverständlich aus, als würden sie atmen. Dann ging es los. Zaz fühlte durch den dünnen Stoff ihrer Laufhose die Wärme und die Muskeln von Monsuns Rücken. Alles bewegte sich, jeder einzelne Schritt war spürbar.

Fee lenkte ihre Luna neben Zaz. „Mach die Augen zu und fühle die Bewegung. Du kannst Monsun ohnehin nicht lenken. Die macht, was sie will. Irgendwann einmal wirst du deinen Willen mit ihrem Willen vereinen können. Bis dahin sollten wir uns auf deinen Sitz konzentrieren. Versuche, ganz aufrecht zu sitzen. Gerader Rücken, Schultern zurück – stell dir vor, du wärst eine stolze Kriegerin. Oder ein Baum: Deine Beine sind die Wurzeln, dein Körper ist der Stamm und dein Kopf die Krone. Egal was passiert: Deine Wurzeln bleiben an ihrem Platz, der Stamm biegt sich und geht zurück an seinen Platz. Und der Kopf ist immer wieder der höchste Punkt." Fee lächelte. Zum ersten Mal, dachte Zaz. Vorsichtig richtete sie sich auf.

In dem Augenblick lief Monsun einen kleinen Hügel nach oben, und Zaz rutschte auf dem glatten Fell nach hinten. Schnell griff sie in die Mähne. Wie schafften es die anderen nur, dass sie auf ihren Pferden saßen, als wären sie festgeklebt? Und wie konnte man sich in einer schnelleren Gangart als diesem Schritt auf einem Pferderücken halten?

„Mach dir keine Gedanken." Wieder Fee. Konnte das blinde Mädchen denn Gedanken lesen? „Jeder von uns hat sich am Anfang auf dem Pferderücken wie ein blinder Passagier gefühlt. Es braucht einige Zeit, bis man sich wohlfühlt."

Der Weg wurde schmaler, und die Pferde liefen hintereinander. Zaz befolgte Fees Rat. Sie schloss die Augen und spürte diesem merkwürdigen Viertakt nach. Ganz allmählich fing sie an, die langsame Bewegung zu genießen. Monsun trug sie so selbstverständlich, als hätte sie nie etwas anderes gemacht.

Viel zu schnell erreichten sie den Waldrand.
„Kommst du morgen?“ Arpad sah sie fragend an. „Wir haben viel zu tun, wenn du dich bei einem Rennen auf Monsuns Rücken halten willst.“
„Klar!“ Zaz schwang ihr Bein über Monsuns Kruppe und ließ sich zu Boden gleiten. Ihre Beine fühlten sich irgendwie gummiartig an. Monsun stupste sie mit ihrer Nase an. Fast als ob sie fragen wollte, ob es ihr gefallen hätte.
„Wo finde ich euch?“
„Wir treffen uns auf der Lichtung, wo unser Karren stand. Um zehn?“
„Lieber um neun. Da ist es noch nicht so warm. Okay?“
Sie verabschiedeten sich voneinander. Zaz streichelte noch einmal über Monsuns weiche Nase. „Danke!“, flüsterte sie so leise, dass es keiner der anderen hören konnte.
„Eine Sache noch.“ Arpads Stimme. Er sah die anderen der Horde ernst an. „Ich glaube, Zaz sollte auch unseren Hordenschwur kennen. Immerhin will sie eine von uns werden.“
Die anderen nickten.

„Hufbeinbruch und Kreuzverschlag,
wir sind frei an jedem Tag.
Die Horde reitet wie der Wind,
weil wir wilde Geister sind."

Die Stimmen klangen zusammen wie eine einzige. Zaz spürte, wie ihr trotz der Hitze ein Schauer über den Rücken lief.

„Danke", flüsterte sie ein weiteres Mal. Dieses Mal lauter, damit jeder es hörte. Sie wusste: Die vier hatten da etwas Besonderes mit ihr geteilt.

Dann drehte sie sich um und lief die letzten Meter zur Pension. Erst dabei fiel ihr auf, dass Ann-Sophie bis auf den Hordenschwur kein einziges Wort mit ihr gewechselt hatte. Wahrscheinlich fürchtete sie, dass Zaz ihr Arpad streitig machen könnte. Oder sie war einfach eine hochnäsige Kuh. Zaz war fest entschlossen, sich von ihr auf keinen Fall ihre gute Laune verderben zu lassen.

Tine winkte ihr schon von der Terrasse aus zu. „Da bist du ja! Deine Mutter hat angerufen. Ein paar Mal während des Tages – und ich konnte ihr kein einziges Mal sagen, wo du steckst und wann du zurückkommst. Oder warum dein Handy keinen Empfang hat. Vor einer Stunde dachte ich schon, sie verklagt mich, weil ich meiner Aufsichtspflicht nicht nachgekommen bin. Könntest du sie bitte sofort zurückrufen?"

„Klar, mache ich!" Zaz zog ihr Handy aus der Tasche.

Aber ihre Großmutter hielt sie noch einmal auf. „Sie hat mir von den Büchern erzählt, die du dabeihast. Und dass du jeden Tag etwas lernen sollst, damit du in der Schule nach den Sommerferien besser mitkommst. Hast du das bisher gemacht? Ich habe einfach mal gesagt, dass sie sich keine Sorgen machen muss. Hier gibt es so wenig zu tun, dass du sogar freiwillig lernst. Könntest du mir einen Gefallen tun und etwas Ähnliches sagen?" Sie zwinkerte Zaz zu.

„Klar. Lernen ist für mich wie Schokolade." Zaz zog eine Grimasse, tippte auf ihr Handy und wartete, bis ihre Mutter sich meldete.

„Liebling! Wo steckst du denn den ganzen Tag? Du meldest dich ja gar nicht! Wie geht es dir?" Ihre Mutter klang wirklich ziemlich aufgeregt.

„Du hast mich in die tiefe Provinz geschickt, Mum! Hier

steht nicht an jeder Ecke ein Handymast rum. Im Wald gibt es überhaupt keinen Empfang, und bei Oma muss ich auf dem Hof stehen und darf nicht reingehen, um zu telefonieren. Und du wunderst dich, dass du mich nicht erreichst? Schick mich das nächste Mal nach Kalifornien, und du hast dieses Problem nicht mehr."

„Ist ja gut. Ich habe ja auch versucht, dich über das Festnetz zu erreichen, aber Tine meinte, du wärst im Wald unterwegs. Was machst du denn da den ganzen Tag?" Sie schien sich wirklich dafür zu interessieren.

„Bäume zählen." Zaz seufzte und holte tief Luft. „Mum, hier gibt es nichts zu tun. Gar nichts. Also jogge ich. Oder ich lerne. Ich komme topfit und superschlau zurück aus meinem Landcamp. Zufrieden?"

„Dann bin ich ja beruhigt." Zaz konnte hören, dass ihre Mutter lächelte. „Ich habe mir gedacht, ich könnte nächstes Wochenende vorbeikommen, wenn du willst. Wir fahren in die Stadt, gehen ein bisschen shoppen oder ins Kino. Ein Mädelswochenende, wäre das nicht was?"

Dafür hatte Zaz gerade überhaupt keine Zeit! Sie musste jede Stunde der nächsten 14 Tage reiten. Da war keine Minute für Zweisamkeit mit ihrer Mutter übrig. In

ihrem Hirn ratterte es, so sehr versuchte sie, eine gute Ausrede zu finden.
Wie sagte man seiner Mutter, dass man keine Lust auf Shoppen und Kino hatte? So, dass sie es auch glaubte und nicht sofort erkannte, dass da etwas passierte, was ihr nicht passte? Mit einer wilden Horde durch den Wald zu preschen, war ganz bestimmt nicht das, was sich ihre Mutter für Zaz vorgestellt hatte, als sie sie hier ausgesetzt hatte.
„Sag jetzt nichts, mein Schatz. Ich weiß, dass du dich freust. Ich bin also am Samstagvormittag da, lade dich ein, und wir fahren sofort weiter. Versprochen! Ich gebe jetzt ein bisschen Gas bei der Arbeit, dann kriege ich das unter. Und am Wochenende musst du dann auch nicht lernen. Das wird ganz toll! Wir sehen uns!" Damit legte sie auf.
Zaz sah ihr Handy an. Noch an diesem Morgen hätte sie nichts besser gefunden als das Versprechen auf ein wenig Abwechslung von Donneracker. Aber jetzt hatte sie auf einen Schlag zwei Tage Reiten verloren! Das durfte einfach nicht wahr sein. Was für ein Tag war heute? Mittwoch? Schon in drei Tagen würde ihre Mutter vorbeikommen.

„Schlechte Nachrichten?" Tines Stimme klang mitfühlend.

Zaz versuchte ein Lächeln. „Mum kommt dieses Wochenende vorbei. Sie möchte mit mir in die Stadt fahren. Kino und Shoppen und so."

Tine sah sie überrascht an. „Und da siehst du aus, als hätte sie dir sechs Wochen bei Wasser und Brot in einem Kerker ohne Internet angekündigt? Freu dich doch! Auf Dauer ist es bei mir ja ganz schön langweilig."

„Nein, ist es nicht! Ich habe diese Reiter kennengelernt, die auf deine Pferde aufpassen. Sie wollen mir sogar reiten beibringen!"

Tine zog eine Augenbraue nach oben. „Wirklich? Das ist ja ungewöhnlich. Normalerweise bleiben die sehr für sich. Sag ihnen doch, dass sie gerne mal auf einen Kuchen vorbeikommen können. Ich habe sie schon eine halbe Ewigkeit nicht mehr gesehen. Was meinst du? Geht es den Pferden gut?"

„Soweit ich das beurteilen kann, ja. Aber du weißt ja: Ich bin kein Pferdemädchen. Ich finde es nur spannend, jetzt ein bisschen zu reiten. Das ist bestimmt nichts für die Ewigkeit. Geht ja zu Hause auch überhaupt nicht."

„Das weißt du doch jetzt noch nicht. Ich glaube, ich habe da etwas für dich.“ Tine lächelte und winkte Zaz, dass sie ihr folgen sollte.

Es ging quer über den Hof in die alte Scheune, die Zaz schon am Tag ihrer Ankunft aufgefallen war. Ihre Großmutter schob das quietschende Tor zwischen den blühenden Heckenrosen auf. Im Licht der Sonne tanzte der Staub, als sie zielstrebig zu einem großen Schrank ging. In ihm lagen Zaumzeuge, Sättel und blinkende Gebisse. Tine holte einen Beutel heraus und drückte ihn Zaz in die Hand.

„Das sind die Reitsachen, die dein Vater getragen hat. Vielleicht kannst du davon ja etwas gebrauchen?“

Karierte Hosen, steife Lederstiefel, drei Polohemden. Zaz nahm die Sachen mit spitzen Fingern hoch. „Das ist nicht dein Ernst? Kariert? Ich will doch nicht auf den Golfplatz. Nein, Tine. Das geht nicht.“

Tine fing an, schallend zu lachen. „Du hast recht. Ich war all die Jahre wirklich der Meinung, dass man diese Sachen irgendwann noch tragen könnte.“ Sie deutete auf einen abgeschabten Samthelm, der zwischen den Sachen lag. „Nicht einmal der Helm geht noch.“

Sie stopfte mit ein paar schnellen Bewegungen die altmodischen Kleider in den Beutel zurück. „Das hier geht jetzt in die Altkleidersammlung."
„Halt!" Zaz griff nach dem alten Helm. Der Samt, mit dem er überzogen war, hatte sich zu einem erdigen Braun verfärbt, am Schirm war der Stoff schon komplett abgeschabt. Sie setzte ihn probeweise auf. Merkwürdigerweise passte er gut. „Ich habe wohl den gleichen Kopf wie mein Vater."
Tine hob eine Augenbraue. „Stur, eigensinnig und ehrgeizig?"
Zaz lachte. „Nein, ich dachte eher an die Form als an den Inhalt. Weißt du was? Ich benutze das Ding erst einmal. Vielleicht falle ich ja noch ein paarmal."
„Gute Idee", sagte Tine.
Auf dem Weg zurück ins Haus konnte Zaz ihre Neugier nicht zügeln: „Ist Papa wirklich mal geritten?" Sie konnte sich ihren Das-Hemd-muss-gebügelt-sein-Vater beim besten Willen nicht auf einem Pferd vorstellen.
Versonnen lächelnd nickte Tine. „Sicher. Er und Felix hatten einen Riesenspaß dabei. Aber es wurde alles anders, als er in die Stadt gezogen ist. Sein Studium und

sein Beruf … Ich glaube, er hat verdrängt, wie er hier gelebt hat. Heute sind ihm andere Sachen wichtig." Sie zuckte mit den Schultern, sah auf ihre Terrasse und schlug sich gegen die Stirn. „Hilfe! Die ersten Gäste tauchen schon zum Abendessen auf! Ich muss los. Vor lauter Reden habe ich ganz vergessen, dass es schon so spät ist!"

Zaz erinnerte sich an die Bemerkung von Ty über die Schulden ihrer Großmutter. „Wenn du willst, kann ich dir helfen!"

Überrascht sah Tine sie an. „Wirklich? Das ist lieb von dir. Wenn du vorher kurz duschen würdest, dann würde mir das wirklich helfen!"

Zaz nickte. „Mache ich! Ich komme gleich wieder!"

An diesem Abend schwirrte Zaz der Kopf. Sie servierte Bier, Cola, Wein, Wasser und stellte Salate zusammen. Auf dem Höhepunkt des Abends, als die Küche mit schmutzigem Geschirr vollgestellt war, gab die Spülmaschine dampfend ihren Dienst auf.

Als endlich der letzte der Pensionsgäste in seinem Zimmer verschwunden war, ließ Zaz sich erschöpft auf einen Stuhl fallen. „Und das machst du jeden Abend alleine!?"

„Es wäre mir lieber, wenn noch mehr los wäre", sagte Tine. „Drei Zimmer sind frei. Und das mitten in den Sommerferien. Das ist eine Katastrophe!"

„Und warum ist das so?" Zaz hatte sich noch nie Gedanken über die finanzielle Situation von Erwachsenen gemacht. Wenn Ty ihr nicht erklärt hätte, dass Omas Wald eigentlich schon der Bank gehörte, hätte sie gar nicht bemerkt, dass hier etwas nicht richtig lief.

„Ich biete nur langweiligen Wald, viel Natur, frische Luft und handyfreie Zonen." Tine lachte. „Ehrlich: Würdest du hier freiwillig Urlaub machen? Andere Hotels haben Schwimmbäder, Spas und Wellness oder eine Sterneküche. Das klingt alles besser als meine altmodischen Zimmer mit den Blümchenbezügen auf den Betten."

„Dann nimm doch andere Bezüge", versuchte Zaz sie zu trösten.

„Die müsste ich erst kaufen. Und würde ein einziger Gast mehr kommen, wenn ich in meine Anzeigen *Immer noch keine Wellness, aber neue Bettbezüge* reinschreibe? Wohl kaum." Tine zuckte mit den Schultern. Sie sah plötzlich müde aus.

Einen Augenblick saßen sie schweigend nebeneinander, dann klopfte Tine ihrer Enkelin auf die Schulter. „Nicht dein Problem, alles nur Erwachsenenkram. Ich freue mich, wenn du dich hier wohlfühlst und dich sogar mit den Jungs und Mädchen angefreundet hast. Geh ins Bett. Sonst bist du morgen zu müde, um ordentlich reiten zu lernen."

Langsam ging Zaz durch das verwinkelte Haus zu ihrem Zimmer unter dem Dach. Erst jetzt sah sie, dass so manches wirklich einen neuen Anstrich gebraucht hätte.

Auf der Treppe kam ihr eine ältere Dame entgegen. Zaz grüßte höflich. Wegen der unfreundlichen Enkelin sollte kein zahlender Gast fernbleiben.

In ihrem Zimmer fiel ihr Blick auf den Stapel Schulbücher. Der Zettel ihrer Mutter klebte immer noch auf dem obersten Buch. Sie verdrehte die Augen und ließ sich auf ihr Bett fallen. Bestimmt würde Mum am Wochenende wissen wollen, wie weit sie schon in ihren Büchern war. Und sie hatte noch nicht einmal hineingesehen. Wie sollte sie ihrer Mutter klarmachen, dass sie sich jetzt erst einmal um die Reiterei kümmern musste, damit der Wald nicht in die Hand der Biker geriet? Dafür hatte sie bestimmt kein Verständnis.

Weiter im Schritt

„Das ist nicht dein Ernst!“ Fassungslos sah Arpad den Helm auf Zaz’ Kopf an. „Das alte Ding willst du benutzen? Das sieht aus wie aus dem Museum! Das hier ist doch keine Reitschule, wo man ohne Helm und Rückenschutz nicht in die Nähe eines Ponys darf!“
„Vielleicht ist in deinem Kopf ja nichts drin, was du schützen musst.“ Zaz grinste. „Bei mir ist das anders. Und ich bin mir sicher, dass er Glück bringt.“
Sie hatten sich an diesem Tag auf der Lichtung, wo bis vor wenigen Tagen der Schäferkarren gestanden hatte, verabredet.
„Hoffentlich gibt es bei diesem Rennen keine Zuschauer“, stöhnte Arpad. „Und auch keine Extrapunkte für

Schönheit. Komm, ich werfe dich auf Monsuns Rücken." Geschickt fasste er ihr unter den Fuß und half ihr nach oben.

„Halte ich mich wieder an der Mähne fest?" Zaz sah ihn fragend an.

„In Notfällen. Aber eigentlich hältst du dich nicht fest. Du bleibst über Monsun im Gleichgewicht. Du spürst ihre Bewegungen und folgst ihr. Komm, ich zeige es dir."

Arpad schwang sich auf Feuertanz, legte die Hände auf die Oberschenkel und gab ihm einen für Zaz unsichtbaren Befehl zum Galoppieren. Die beiden beschrieben auf der Lichtung einen großen Kreis, der allmählich kleiner wurde. Arpad blieb völlig ruhig sitzen. „Siehst du?", rief er Zaz zu. „Je weniger du dich bewegst, desto leichter wird es dir fallen. Folge einfach nur dem Pferd. Versuch es mal – am besten zuerst im Schritt."

Zaz drückte ihre Fersen in Monsuns Seite, so wie sie es bei den anderen immer sah. Die Stute riss den Kopf nach oben und machte einen Satz nach vorne. Zaz war darauf nicht gefasst und landete im hohen Bogen im Gras. Sie rollte sich zur Seite ab und stand mühsam auf.

Monsun sah ihr mit gespitzten Ohren zu.

Lukas lächelte Zaz an. „Das kann am Anfang passieren. Leider weiß Monsun vom Reiten genauso wenig wie du. Aber ich bin mir sicher, du hast bald den Bogen raus."
Entschlossen schob Zaz eine Strähne hinter das Ohr. „Okay. Das nächste Mal erschrecke ich sie nicht."
Lukas half ihr auf den Rücken, und dieses Mal setzte Monsun sich wirklich nur in einen gemütlichen Schritt.
„Jetzt strecke die Hände zur Seite aus!", rief Arpad. „Du musst ihre Bewegung fühlen, mit jedem Muskel."
Zaz schloss die Augen. Sie spürte das glatte Fell, die Bewegung der Muskeln. Dann hörte sie ein leises Knacken, und Monsun sprang zur Seite. Zaz fiel mit ihrem Hinterteil auf die Erde. Dieses Mal sehr viel weniger elegant als beim letzten Mal.
Wütend stand sie auf. Auf jeden Fall war der alte Helm, den sie trug, eine gute Idee gewesen. So war wenigstens ihr Kopf geschützt.
„Okay. Gibt es einen Weg, wie ich nicht ganz so oft runterfalle? So macht das echt keinen Spaß." Sie griff in die Mähne von Monsun, um wieder aufzusteigen. Nervös tänzelte die Stute zur Seite.
„Monsun ist sensibel. Wenn du wütend bist, dann

machst du ihr Angst. Sie ist sich dann nicht sicher, ob sie dir vertrauen kann."

Arpad wollte damit wahrscheinlich helfen. Aber es klang in Zaz' Ohren nur überheblich. Sie fuhr herum.

„Bis jetzt war sie sich sicher, dass sie mir vertrauen kann. Aber da hat mir auch nicht jeder einen tollen Tipp gegeben. Dabei konntet ihr alle sie doch nicht einmal anfassen!"

„Ich …", wollte Arpad sich verteidigen. Er kam nicht mehr dazu.

Monsun schnaubte laut, dann fuhr sie herum und galoppierte davon. Ihr dichter schwarzer Schweif wehte wie eine Fahne hinter ihr her.

„Na prima." Zaz war den Tränen nahe. „Jetzt verschwindet auch noch mein Pferd. Kann es sein, dass es klüger wäre, wenn man sie mit einem Halfter anbindet? Ich habe bei meiner Oma in der Scheune jede Menge von diesem Lederzeug gesehen. Dann könnte sie nicht davonrennen, wenn ich sie doch eigentlich hier brauche."

Arpad sah Zaz ernst an. „Das machen wir nicht. Wir zwingen die Pferde nie dazu, bei uns zu bleiben. Sie kommen zu uns, weil sie gerne in unserer Gesellschaft sind und weil wir zusammen eine starke Gemeinschaft sind. Lederzeug, Sporen, Gerte – das sind doch nur armselige Hilfsmittel, wenn man mit seinem Pferd nicht zurechtkommt."

„Okay. Und was mache ich jetzt? Warten, bis Monsun beschließt, dass sie wieder vorbeikommt?" Zaz trat frustriert gegen einen Baumstumpf. „Wir haben nicht viel Zeit und müssen dann noch warten, bis mein Pferd Lust hat mitzumachen? Das wird doch nichts."

„Du kannst Übungen machen, die dir helfen, mit Monsun leichter zurechtzukommen, wenn sie wiederkommt." Fees Stimme. Leise und bestimmt.

„Und wie soll das aussehen? Ich setze mich auf einen Baumstamm und tue so, als wäre es ein Pferderücken? Vielleicht falle ich dann wenigstens nicht hinunter." Zaz war immer noch wütend. Sie spürte selbst, dass sie in diesem Augenblick ungerecht gegen Fee war.

„Quatsch. Es geht darum, dass du lernst, deine Stimmungen zu beherrschen. Du musst verstehen: Pferde sind Herdentiere. Wenn du wütend bist, dann bekommen sie Angst. Das Pferd denkt dann: Es könnte sein, dass du es trittst oder aus der Herde vertreibst. Dann wäre es plötzlich alleine. Und das ist der Albtraum für jedes Pferd. Also ist es wichtig, dass du deine miese Laune und deine Wut zu beherrschen lernst – damit dein Pferd dir besser vertrauen kann."

„Ich kann mich super beherrschen!", behauptete Zaz und wusste schon im gleichen Augenblick, dass das nicht stimmte. Wenn sie wütend war, dann kochte es in ihr, und ihre Gefühle übernahmen das Kommando. Sie seufzte. „Okay, da wir ohnehin gerade Zeit haben: Verrate mir deine Tricks."

Fee sprang von Luna und machte die wenigen Schritte zu Zaz. Sobald sie nicht auf ihrem Pferd saß, war ihr die Behinderung deutlich anzumerken. Sie ging unsicher, eine Hand ein wenig nach vorne gestreckt. Zaz kam ihr entgegen.

Fee fasste sie an der Hand. Überraschend, wie schmal und zerbrechlich sich ihre Hand anfühlte.

„Ich will, dass du dich auf den Rücken legst und deine Augen schließt. Du musst nur auf dich selbst achten. Auf deinen Atem. Darauf, wie dein Herz schlägt und wie sich der Boden unter deinem Körper anfühlt. Versuch es!"

Unsicher ließ Zaz sich auf den Boden nieder. Unter den Blicken der anderen kam sie sich lächerlich vor.
Fee schien das zu spüren. „Ihr anderen könnt ja einen kleinen Ausritt machen. Zaz braucht schließlich nicht drei oder vier Reitlehrer, oder?“
„Ja, prima. Sonst wird es hier wirklich zu langweilig.“ Ann-Sophies Stimme. Es war das Erste, was sie heute sagte.
Während Zaz es sich auf dem Rücken bequem machte, hörte sie, wie die Pferde sich entfernten. Sie schloss die Augen.
Fees Stimme war leise und eindringlich. „Wenn du wütend wirst, dann darfst du diesem Gefühl nicht einfach seinen Lauf lassen. Du musst lernen, dich zu kontrollieren.“
„Aber …“, versuchte Zaz zu protestieren. Der Druck von Fees Hand auf ihrem Arm wurde stärker.
„Kein Aber. Pferde flüchten vor dem, der sie bedroht. Oder sie greifen selbst an. Beides willst du nicht. Also musst du lernen, deine Wut zu beherrschen. Und jetzt konzentriere dich.“
Etwas kitzelte an Zaz' Arm. Hoffentlich keine Ameise?

Sie wagte es nicht, ihn zu schütteln, während Fee weitersprach. „Spanne jetzt der Reihe nach verschiedene Muskelgruppen so stark an, wie du es dir nur denken kannst. Fang mit einer Faust an. Mache sie so fest, als wolltest du eine Nuss knacken. Dann lass wieder los."

Zaz befolgte die Anweisung. „Jetzt dein Arm. Spann ihn an. So als wolltest du mich beeindrucken, wie viele Muskeln du hast. Zähle bis fünf. Dann lass wieder los."

So gingen sie langsam Zaz' Körper durch. Zaz war mehr als überrascht, aber es funktionierte: Ihr Zorn verrauchte allmählich. Als Fee endlich erklärte, dass sie sich jetzt wieder hinsetzen dürfte, fühlte sie sich merkwürdig gelassen.

„Woher kannst du das?", fragte Zaz überrascht.

Ein leises Lachen war die Antwort. „Als kleines Kind war ich ständig wütend. Ich wollte nicht das dumme, blinde Mädchen sein, das jeder bedauern muss. Und durch meine Wut habe ich mich genau zu dem gemacht: zu einem behinderten Kind, dem man nicht widersprochen hat, weil es ja so ein armes Ding ist. Eines Tages hatte meine Mutter genug davon. Sie fing an, verschiedene Entspannungstechniken auszuprobieren. Diese hier hat am besten funktioniert. Wenn man es oft genug macht, dann reicht es, nur eine Faust zu machen und wieder loszulassen … und man kann wieder wie ein denkender Mensch funktionieren. Und nicht wie das Opfer der eigenen Launen."

„Macht ihr das alle?" Zaz konnte sich Arpad bei diesem Training gar nicht vorstellen. Oder gar die hochnäsige Ann-Sophie.

Ein Schulterzucken war die Antwort. „Das wirst du noch herausfinden. Horch mal: Monsun kommt zurück."

Zaz strengte sich wirklich an, aber sie vernahm nichts. Erst als Monsun eine Minute später langsam über die Lichtung geschlendert kam, war ihr klar, dass Fee sie wirklich schon eine ganze Zeit gehört hatte. Einen Augenblick beneidete sie das schmale blonde Mädchen um seinen Supersinn. Was, wie ihr sofort darauf klar wurde, dumm war. Dafür fehlte Fee nämlich ein anderer.

„Komm, wir versuchen es noch einmal", schlug Fee vor. „Bevor die anderen wiederkommen."

Monsun war neben Zaz stehen geblieben und drückte mit ihrem Kopf gegen ihre ausgestreckte Hand. Ratlos sah Zaz sie an.

„Wie komme ich ohne Hilfe auf ihren Rücken?"
„Versuche es einfach."
Einen Augenblick lang spürte Zaz wieder, wie sie wütend wurde. Was war das denn für ein blöder Satz? Wenn sie eine Idee hätte, wie sie sich auf diesen glatten Rücken schwingen könnte, dann hätte sie das längst getan. Hatte sie aber nicht. Sie holte schon Luft, um ihren Ärger loszuwerden, als sie das feine Lächeln in Fees Gesicht sah. War das etwa eine Art Test? Und natürlich wollte sie sich nicht immer nach einer hilfreichen Hand umsehen, wenn sie aufsteigen wollte.
Sie sah sich um. Der Baumstamm, der dort am Rand des Weges im Gras lag, würde für den Anfang helfen. Zaz stieg hinauf und sah Monsun auffordernd an. Jetzt musste sich die Stute nur noch passend hinstellen. Die schien leider keine Ahnung zu haben, was Zaz von ihr wollte. Im Gegenteil: Monsun sah sie aus großen Augen an und fand den Anblick eines Menschen, der auf einem Baumstamm stand, wohl eher erschreckend. Sie schnaubte leise und machte einen Schritt rückwärts. So kamen sie hier nicht weiter.
Seufzend kletterte Zaz wieder von dem Baumstamm hi-

nunter, ging zu Monsun und fuhr ihr mit der Hand über das Fell. Es war warm und roch nach Erde, Wald und Pferd. Vorsichtig fasste sie in die lange, verfilzte Mähne, um die sich seit Jahren keiner hatte kümmern dürfen. Probeweise zog sie daran. Monsun blieb abwartend stehen. Vorsichtig hüpfte Zaz ein wenig hoch. Zumindest wich Monsun ihr nicht aus. Also versuchte sie einen größeren Sprung und landete tatsächlich bäuchlings auf dem Pferderücken. Elegant ist anders, dachte sie. Sie schwang ein Bein über die Kruppe und hatte sich tatsächlich aus eigener Kraft und ohne Hilfe auf das Pferd gesetzt. Monsun drehte ihr wieder den Kopf zu. Sie schien ebenso überrascht und froh wie Zaz, dass es geklappt hatte.

Fee schien zu wissen, was passiert war. „Ich schlage vor, ich reite eine große Runde über die Lichtung, und du und Monsun, ihr folgt mir einfach. So kannst du dich auf die Bewegung konzentrieren und musst ihr keine Befehle geben, die sie ohnehin nicht versteht."

Ohne Zaz' Antwort abzuwarten, setzte Fee sich mit ihrer Luna in Bewegung. Monsun folgte ihr mit Zaz. Im gemächlichen Schritt drehten sie einige große Runden.

Gerade als Zaz anfing, sich etwas zu entspannen und diesen Ritt sogar zu genießen, rief Fee: „Und jetzt probieren wir mal ein bisschen Trab. Versuch, möglichst locker zu bleiben, das ist nämlich nicht unbedingt die bequemste aller Gangarten."

Sie schnalzte leise, und Luna fiel in einen langsamen Trab. Monsun auch – und Zaz griff hastig in die Mähne. Wie sollte man sich bei diesen Stößen denn auf dem glatten Rücken eines Pferdes halten? Schon in der ersten Kurve kam sie ins Rutschen. Zum Glück hielt Monsun sofort an.

Schwerfällig zog Zaz sich wieder nach oben und forderte Monsun mit einem leichten Schnalzen auf, der davontrabenden Luna weiter zu folgen. Die Stute setzte sich im ruhigen Schritt in Bewegung.

„So gewinnen wir kein Rennen, und ich lerne auch nichts!", rief Zaz, während Fee wendete und wieder auf sie zutrabte.

„Wie kriege ich sie denn in ein anständiges Tempo?" Zaz hörte selber, dass sie genervt klang. Sie ballte eine Faust und ließ wieder los. Wenn das helfen sollte, dann merkte sie nichts davon.

„Drück ihr die Fersen in die Seiten!"
Zaz drückte. Monsun schüttelte unwillig den Kopf – und änderte nichts an ihrem gemächlichen Tempo. Ebenso wenig, als Zaz schnalzte und ihr aufmunternd auf den Hals klopfte.
Fee sah ratlos aus. „Ich fürchte, Monsun passt auf dich auf. Sie hat gemerkt, dass du leicht ins Rutschen gerätst, und bleibt jetzt lieber im gemütlichen Schritt. Das macht sie für dich. Sie will dir helfen."
„Echt jetzt?" Zaz sah auf die Stute hinunter. „Ich dachte immer, das Pferde nicht wirklich klug sind. Aber das ist ja … unglaublich."
„Ja. Es wird vor allem ein Problem, wenn du an einem Rennen teilnehmen willst. Ich glaube nicht, dass wir im Schritt das Rennen gewinnen können." Fee dachte nach und schüttelte schließlich den Kopf. „Vielleicht hat Arpad eine Idee, was wir machen können. Ich bin jetzt fürs Erste ratlos. Aber wir können immer noch ein paar Sitzübungen mit dir machen."
Die nächste Stunde war Zaz damit beschäftigt, auf Monsun zu knien, beide Beine auf einer Seite hinunterhängen zu lassen, rückwärts auf dem Pferd zu sitzen oder

sich auf dessen Rücken zu legen. Langsam fing sie an, sich mit Monsun richtig wohlzufühlen. Das hier war weder schnell noch gefährlich, sondern ein Riesenspaß. Auch wenn ihr allmählich alle Muskeln und Knochen schmerzten. Reiten war offenbar mehr als nur ein gemütliches Getragenwerden.

Später tauchten die anderen Reiter aus einem schmalen Pfad auf und sahen ihr ein Weilchen zu. Ihre Pferde waren verschwitzt, offensichtlich hatten sie ordentlich trainiert. Auf einen kleinen Wink von Arpad hin stiegen sie ab und entließen ihre Pferde mit einem liebevollen Klaps in die Freiheit. Die Tiere blieben in der Nähe und fingen an zu grasen.

„Das sieht doch gar nicht schlecht aus!“, rief Arpad überrascht. „Habt ihr schon einmal eine andere Gangart ausprobiert?“

Bedauernd schüttelte Zaz den Kopf. „Nein. Monsun weigert sich, auch nur einen Schritt mit mir zu traben. Fee glaubt, dass sie auf mich aufpassen will.“

Nachdenklich fuhr Arpad sich durch die Haare. „Sie will auf dich aufpassen? Erst lässt sie sich jahrelang nicht anfassen, und jetzt wird sie fürsorglich? Seltsames Pferd …“

„Wir müssen ihr wieder beibringen, dass sie ein Rennpferd ist", mischte sich Ann-Sophie ein. „Es ist ja schön, dass sie jetzt endlich gezähmt ist. Das bringt uns aber nichts, wenn sie sich als Babysitterin von Zaz versteht."

„Setz du dich doch drauf, wenn du so toll bist!" Das war einfach so aus Zaz herausgeplatzt. Was glaubte diese hochnäsige Zicke denn, wer sie war?

„Jetzt macht mal langsam. Niemand ist hier ein Baby – und es ist auch noch niemand als Reiter geboren worden. Okay?" Lukas sah von einem der beiden Mädchen zum anderen. „Und es hilft auch nicht weiter, Ann-Sophie, wenn du hier einen Zickenkrieg startest. Auch wenn es dir schwerfällt: Wir müssen uns was einfallen lassen."

Ann-Sophie biss sich auf die Lippen. Offensichtlich war sie wenig Widerspruch von den Jungs gewöhnt. Sie schwang sich elegant auf ihren großen Fuchs und lächelte von oben auf alle herunter.

„Ich mache noch einen flotten Ritt durch den Wald. Wenn einer von euch mitkommen mag …" – sie sah Zaz an, und ein boshaftes Lächeln spielte um ihren Mund – „… oder kann, dann ist er oder sie herzlich eingeladen mitzukommen. Aber ich will meine Freizeit nicht damit

vertun zuzusehen, wie eine Anfängerin versucht, sich auf ihrem Pferd zu halten. Okay?" Damit warf sie ihren Kronos herum und preschte im Galopp in den Wald.
„Sie ist gar nicht so", sagte Lukas mit einer entschuldigenden Grimasse. „Ich habe keine Ahnung, was für eine Laus ihr da über die Leber galoppiert ist!"
„Ich auch nicht. Kümmern wir uns lieber um das Problem mit Monsun", erklärte Arpad.

An diesem Tag versuchten sie alles, um Monsun zu einem schnelleren Schritt zu bewegen. Ohne Erfolg. Die Stute lief bereitwillig im Schritt, blieb aber bei jeder Unsicherheit von Zaz sofort stehen. Irgendwann ritten sie alle zusammen – ohne Ann-Sophie – langsam wieder zur Pension Donneracker.
„Morgen kriegen wir das hin!", tröstete Fee.
Zaz nickte nur, ließ sich von Monsuns Rücken gleiten und streichelte ihr ein letztes Mal über die Stirn. Dann machte sie sich auf den Weg zur Pension. Erst jetzt bemerkte sie, dass ihre Beine mit jedem Schritt schmerzten. Trotzdem fühlte sie sich so glücklich wie lange nicht. Sie hob eine Hand vor die Nase und freute sich über den

warmen Geruch nach Monsuns Fell, der an ihr hängen geblieben war.

Sie rannte in ihr Zimmer, duschte rasch, zog frische Sachen an und lief in die Küche, wo Tine Gläser polierte. Das Abendessen ihrer Pensionsgäste war schon vorbei.

„Hallo, bin wieder da! Kann ich dir helfen?"

Tine sah ihre Enkelin an. „Hallo, Zaz! Was hast du heute gemacht? Ich habe dich den ganzen Tag nicht gesehen."

Zaz zuckte mit den Achseln. „Ich war bei den anderen im Wald. Habe versucht zu reiten – und das ist anstrengender, als ich dachte. Ich kümmere mich ein wenig um die Spülmaschine, in Ordnung?"

„Nein, lass nur. Du siehst hundemüde aus. Ich mache dir jetzt etwas Leckeres zu essen, und dann gehst du ins Bett. Keine Sorge, ich komme zurecht. Das tue ich immer."

Dankbar nickte Zaz. Heute wollte sie wirklich nur noch ins Bett.

Nasse Jagd

Der nächste Tag brachte nichts Neues: Monsun trödelte weiter. Nichts auf der Welt konnte sie dazu bringen, mit Zaz auf dem Rücken schneller zu werden. Zumindest fühlte es sich so an.

Frustriert schüttelte Zaz den Kopf. „Ihr könnt das Rennen mit mir vergessen. Ich falle zwar nicht mehr hinunter, aber diese bescheuerten Radfahrer würden sogar gewinnen, wenn sie ihre Bikes schieben. Und ich habe keine Ahnung, wie ich Monsun erklären kann, dass sie nicht ständig auf mich aufpassen muss. Sie ist schlimmer als meine Mum an manchen Tagen …“

„Dann mach trotzdem weiter deine Gleichgewichtsübungen. Wir machen es wie gestern: Versuch, dich möglichst viel auf Monsun zu bewegen. Wenn sie spürt, dass du sicherer wirst, dann läuft sie vielleicht auch schneller." Der Stimme von Fee war anzuhören, dass sie heute, am dritten Tag von Zaz' Reitausbildung, ein wenig verzweifelte.

„Ich habe eine Idee!" Arpad ritt an Zaz' Seite. „Wir könnten zum See reiten. Wenn es in Sachen Geschwindigkeit nichts bringt, dann haben wir wenigstens ein bisschen Abwechslung und Erfrischung. Was meint ihr?"

„Klasse!" Lukas strahlte. „Ich schwitze wie ein Schwein. Schwimmen ist genau das Richtige."

„Es gibt einen See hier im Wald? Wie viele Geheimnisse habt ihr noch vor mir? Das ist doch jetzt im Sommer ein echter Traum!" Zaz freute sich. Schwimmen war neben dem Laufen ihre große Leidenschaft. Noch eine Sportart, bei der man nicht reden musste, das war genau ihr Ding.

„Erwarte nicht zu viel", murmelte Ann-Sophie. „Ich finde, *See* ist ein großes Wort für unseren Tümpel."

Der See erwies sich als ein kleines, verstecktes Loch am Waldrand. Schilf umgab ihn, nur an einer einzigen Stelle gelangte man an das Wasser. Trotzdem: Vier Pferde trabten mit gespitzten Ohren hinein und stampften durch das flache Wasser. Einzig Monsun ging langsam hinterher und sorgte wieder dafür, dass Zaz nichts passieren konnte. Alle Pferde schienen das Nass und die Erfrischung ebenso zu genießen wie ihre Reiter. Dabei gingen die Pferde nicht tiefer als bis zu ihrem Bauch ins Wasser, die Reiter mussten also nur die Beine ein wenig hochziehen, damit ihre Hosen nicht zu nass wurden. Die Sonne glitzerte auf dem Wasser, und für eine kurze Weile dachte niemand mehr an ein Rennen oder einen Wettkampf.

Zaz legte sich nach vorne und fuhr mit der Hand durch das Nass. Wie es sich wohl anfühlte, wenn man mit einem Pferd richtig schwimmen ging? Vielleicht sollte sie den anderen vorschlagen, dass sie das in den nächsten Tagen einmal ausprobierten?

In dieser Sekunde mischte sich scheppernde Musik in ihre Gedanken. Laut. Unerträglich laut. Die fünf Pferde warfen die Köpfe nach oben. Zaz spürte, wie sich in Monsuns Rücken jeder Muskel verkrampfte.

Am einzigen Zugang zum See waren die Biker aufgetaucht. Fünf oder sechs Leute, die die Lautsprecher an ihren Rädern bis zum Anschlag aufgedreht hatten.

Es gab keinen Fluchtweg. Die Pferde wichen in das tiefere Wasser aus. Zaz spürte, wie Monsun mit einem Mal den Boden unter den Hufen verlor und anfing zu schwimmen. Sie griff in die Mähne und sah zur Seite. Auch von den anderen Pferden waren nur noch die Köpfe zu sehen.

Lukas und Ann-Sophie krallten sich in die Mähnen ihrer Pferde, Fee sah zum ersten Mal ängstlich aus und drehte ihren Kopf in alle Richtungen, um zu orten, woher die Gefahr kam. Und Arpad schwamm bereits neben Feuertanz, das Gesicht vor Wut verzerrt.

„Halt dich an der Mähne fest und lass dich ziehen!", rief er Zaz zu. „Du darfst nicht auf ihrem Rücken bleiben, das ist zu schwer für sie!"

Zaz gehorchte. Sie glitt vom Pferderücken und fasste fester in die Mähne. Monsun schien zu wissen, wo sie hinschwimmen sollte. Nur fort von dieser scheppernden Musik, die über das Wasser zu ihnen herüberschallte.

Das entgegengesetzte Ufer kam schnell näher. Eine undurchdringliche Wand aus Schilf. Aber alle fünf Pferde schienen ein Ziel zu haben. Auch Fee ließ sich jetzt ziehen und redete leise auf ihre Luna ein.

„Wenn sie Boden unter die Hufe bekommt und anfängt zu laufen, musst du dich wieder über ihren Rücken ziehen!", rief Arpad. „Sonst kommst du nie hoch!"
Er hatte den Satz kaum beendet, als Zaz auch schon spürte, wie Monsun den Grund berührte. Aus der schwimmenden Bewegung wurde Galopp, der mit jedem Sprung, bei dem das Wasser flacher wurde, schneller wurde. Zaz hatte sich rechtzeitig über Monsuns Rücken gezogen und musste sich jetzt nur setzen. In die Mähne gekrallt, spürte sie die unglaubliche Kraft der Stute. Mit gewaltigen Sätzen schoss sie mit den anderen vier auf das Schilf los. Da konnte es doch keinen Durchschlupf geben? Unwillkürlich schloss Zaz die Augen. Jetzt konnte sie nur ihrem Pferd vertrauen.
Feuertanz setzte sich an die Spitze der Gruppe und bahnte ihnen einen Weg durch das Schilf. Die harten Stängel schlugen gegen Zaz' Beine. Dann ein letzter Satz, und sie waren wieder auf festem Waldboden. Ohne eine Sekunde zu zögern, jagten die Pferde weiter. Allen voran Feuertanz, dann Luna, Kronos, Müller und schließlich Monsun.
Zaz wickelte eine der langen Strähnen von Monsuns

Mähne um ihre Hand. Sie klammerte sich an ihrem Hals fest und presste sich eng an die Stute. Das fühlte sich sicherer an. Sie jagten über einen schmalen Pfad, der sich zwischen Bäumen und Büschen dahinwand und kaum einen Meter geradeaus ging. Irgendwann mündete der Pfad in eine der Schneisen, die kerzengerade durch den Wald führten.

Feuertanz wurde jetzt erst richtig schnell. Zaz spürte, wie auch Monsun sich unter ihr streckte und Tempo aufnahm. Mit zwei oder drei Galoppsprüngen schoss sie an Müller vorbei. Augenblicke später lagen sie schon gleichauf mit Feuertanz. Ohne zu zögern, übernahm Monsun die Führung und raste durch den Wald.

Hier gab es weder lenken noch bremsen noch irgendetwas anderes. Jetzt konnte Zaz sich nur festhalten und darauf vertrauen, dass die Stute irgendwann aufhören würde zu rennen. Bäume und Büsche flogen vorbei, und Zaz stellte fest, dass man sich an den trommelnden Dreitakt des Galopps gewöhnen konnte. Vorsichtig richtete sie sich ein wenig auf. Die Muskeln zwischen ihren Beinen arbeiteten weiter, sie hörte den stoßweisen Atem des Pferdes, der sich mit ihrem eigenen vermischte. Die Hufe auf dem Waldboden, so schnell, als würden sie fliegen.

Langsam löste sie eine Hand aus der Mähne, legte sie auf den Hals des Tieres und streckte sie dann nach oben. Das hier war das Beste, was sie jemals gemacht hatte. Das Allerbeste.

Fast war sie enttäuscht, als Monsun auf einer großen Lichtung langsamer wurde, in Trab fiel und schließlich stehen blieb.

Begeistert streichelte Zaz über Monsuns Hals.

„Du bist einfach unglaublich", flüsterte sie. „Wie dein Name … Schnell wie der Wind!"

Sie drehte sich um und war sich sicher, dass die anderen direkt hinter ihr auftauchen würden.

Da war niemand.

Sie war alleine.

Zaz streichelte weiter über Monsuns nass geschwitzten Hals und sah angestrengt in die Richtung, aus der sie gerade gekommen waren.

„Komm, wir müssen sehen, wo die anderen stecken!", sagte sie schließlich leise.

Sie schaffte es tatsächlich, Monsun zu wenden und wieder in die Schneise zurückzulenken. Langsam gingen sie den Weg zurück – und nach einigen Hundert Metern hörte sie die anderen.

Sie trabten ihr entgegen. Zaz winkte und gab sich keine Mühe, ein breites Grinsen zu verbergen. „Wo steckt ihr denn? Sind eure Pferde zu langsam?"

Kopfschüttelnd sah Arpad sie an. „Ich habe keine Ahnung, wie du es geschafft hast, oben zu bleiben. Jeder von uns wusste, dass Monsun als Rennpferd gezüchtet wurde … aber damit habe ich echt nicht gerechnet."

Zaz streichelte über Monsuns Hals. „Keine Ahnung, wie ich das gemacht habe. Aber vielleicht sollten wir den Bikern ein kleines Dankesschreiben schicken? Ohne ihre Hilfe hätte Monsun sich niemals zu einem so schnellen Galopp überreden lassen."

„Jetzt musst du nur noch lernen, sie zu kontrollieren. Oder wenigstens zu lenken." Ann-Sophie. Mit leicht säuerlicher Miene.

„Das wird schon. Wir haben ja noch zehn Tage! Wetten, dass sie nach diesem Wochenende schon problemlos die Richtung angeben kann?" Arpad lächelte Zaz an.

Das Wochenende! Shopping mit Mum! Kein Training!

Zaz hatte das bisher verschwiegen. Sie hatte insgeheim gehofft, dass ihre Mutter den Besuch noch absagen würde. Wie so oft. Aber dieses Mal wollte sie wohl ihr Versprechen halten. Ausgerechnet jetzt.

„Ich muss eine Pause einlegen“, murmelte sie. „Tut mir leid, ich habe am Wochenende keine Zeit.“

„Wie bitte?“ Arpad sah sie mit einem Blick an, als habe sie ihm ihre Vorliebe für Pferdeschnitzel erklärt. „Was meinst du mit *Ich habe am Wochenende keine Zeit*?“

„Genau das. Meine Mum kommt zu Besuch, möchte mit mir ins Kino gehen und zum Shoppen. Was soll ich ihr sagen? *Hi, bleibst du bitte weg, ich muss dringend reiten und an einem völlig verrückten Wettrennen teilnehmen*!? Wohl kaum.“

„Aber du kannst jetzt keine Pause einlegen. Du brauchst jeden Tag, damit du mithalten kannst. Die Biker werden uns kaum eine ebene, kerzengerade Waldschneise als Rennstrecke vorschlagen. So blöd sind nicht einmal diese Vollpfosten.“ Verzweifelt hob Arpad die Hände. „Ich kann es nicht fassen! Du gehst wie eine echte Tussi shoppen und hoffst, dass sich die Sache mit dem Training von selbst erledigt!“

Tränen stiegen in Zaz' Augen. Ihr tat wirklich jeder Knochen weh nach dem wilden Galopp. Das T-Shirt und die Hose klebten ihr immer noch nass am Körper. Und er unterstellte ihr, dass sie nicht ernsthaft trainieren wollte!

„Es ist nicht meine Entscheidung, verstehst du das denn nicht? Ich habe keine Ahnung, wie ihr euren Eltern verklickert, was ihr den ganzen Tag im Wald treibt. Aber ich kriege das nicht hin, meine Mum einfach auszuladen. Also müsst ihr genauso damit leben wie ich!"

Ihre Stimme zitterte, als sie sich von Monsuns Rücken gleiten ließ. Keiner der Horde sagte ein Wort. Täuschte sie sich, oder wollte ausgerechnet Ann-Sophie noch etwas sagen? Aber dann blieb sie ebenso still wie alle anderen.

„Zaz, warte ...", begann Arpad. Aber Zaz schüttelte nur den Kopf und drehte sich um, um sich auf den Heimweg nach Donneracker zu machen.

Monsun schnaubte überrascht – und lief dann neben ihr her, als wäre es das Selbstverständlichste der Welt.

Zaz legte ihr die Hand auf den Hals. Dieses Pferd war jetzt schon der beste Freund, den sie jemals gehabt hatte. Anders als dieser Arpad und seine egoistischen Freunde.

Monsun begleitete sie den kompletten Weg und blieb erst am Waldrand zurück. Zaz verabschiedete sich mit einem letzten Streicheln. Es war schon später Nachmittag, und Tine hatte sicher alle Hände voll zu tun.

Nach einer heißen Dusche, bei der sie die schlammigen Reste des Tümpels entfernt hatte, machte Zaz sich in der Küche ans Werk. Salate anrichten, Gläser abspülen oder Besteck sortieren – ihr war alles recht, was sie von der Erinnerung an die Szene mit Arpad ablenkte.

Tine sah sie erstaunt an, stellte aber keine Fragen.

Erst spät am Abend ließ Zaz sich ins Bett fallen. Eine letzte Nachricht von Mum verriet ihr, dass sie sich schon zum Frühstück bereithalten sollte. „Wir wollen unseren Mädelstag doch genießen!"

Mit einem leisen Seufzer schaltete Zaz das Handy aus.

Nachtschule

Mit Schwung ließ Zaz sich in den Stuhl fallen und warf die Tüten neben sich. „Puh, ich kann nicht mehr. Jetzt brauche ich ein Eis!"

„Das kriege ich auch noch hin!" Ihre Mutter winkte einem Kellner. „Schokolade und Pistazie, ohne Sahne. Stimmt doch noch, oder hat sich dein Geschmack geändert, Susannemaus?" Sie zwinkerte ihr zu und bestellte sich selbst einen Milchkaffee.

Seit dem Vormittag waren sie durch unzählige Läden gelaufen. Zaz hatte neue Laufkleidung, Jeans, T-Shirts und sogar ein Kleid gefunden. Jetzt noch der Besuch in dem Eiscafé, das setzte dem Tag wirklich das Sahnehäubchen auf.

Sie lächelte ihre Mutter an. „Das war wirklich schön. Das können wir ruhig öfter machen. Du musst mir auch nicht immer so tolle Klamotten kaufen. Obwohl …" Sie brach ab. Ihre Mutter sah sie schon wieder mit diesem entschuldigenden Blick an. Zaz seufzte. „Rück raus damit, Mum. Was ist los?"

Unbehaglich spielte ihre Mutter mit dem Anhänger an ihrem Halskettchen. „Der Auftrag, den dein Vater und ich im Augenblick bearbeiten, ist aufwändiger, als wir es am Anfang absehen konnten. Wir brauchen mehr Zeit. Aber das bedeutet für dich auch, dass du mehr Zeit mit Oma verbringen kannst. Du scheinst dich hier ja wohlzufühlen."

Zaz hackte mit dem Löffel kleine Stückchen aus dem Eis. Warum nur fiel sie immer wieder auf Nettigkeiten herein? „Wie lange?"

„Bis zum Ende der Sommerferien?" Es klang wie eine Frage, war aber eine Feststellung.

Zaz seufzte. Jammern brachte bei solchen Ansagen nichts, das wusste sie aus Erfahrung. „Wann fährst du denn morgen?"

„Wir wollten doch noch ins Kino. Ich dachte an eine

Mittagsvorstellung. Danach bringe ich dich wieder nach Donneracker und fahre heim. Vielleicht finden wir ja noch ein Wochenende, an dem wir uns wieder ein bisschen Zeit nehmen." Zaz' Mutter beugte sich vor und legte eine Hand auf ihren Arm. „Bitte, sei nicht böse. Dir gefällt es doch hier. Tine hat gesagt, dass du den ganzen Tag im Wald unterwegs bist. Mit deinen neuen Freunden und den Pferden."

Die blöderweise bestimmt nichts mehr von ihr wissen wollten. Weil sie heute hier in der Stadt mit ihrer Mutter unterwegs war. Wenn das mal nicht der beste Witz des Sommers war!

Zaz verrührte das Eis langsam zu einer braungrünen Pampe. Sie wusste nicht, was sie sagen sollte. Zumindest nicht, wenn sie ihre Mutter nicht beleidigen wollte. Die sah sie eine Zeit lang an, nippte dann an ihrem Kaffee, sah auf die Uhr und erklärte: „Komm, jetzt suchen wir noch nach einem ordentlichen Helm und einer Hose zum Reiten – und dann machen wir uns auf den Heimweg. Ich habe Tine versprochen, dass wir heute Abend bei ihr in der Pension essen. Was schmeckt denn am besten bei ihr?"

„Ich mag den Salat mit Hühnchen“, murmelte Zaz und rührte weiter in ihrem Eis. Der Appetit war ihr gewaltig vergangen. Und daran würde auch ein Reithelm oder eine Reithose wenig ändern, da war sie sich sicher. Außerdem hatte sie sich inzwischen an den alten Helm ihres Vaters gewöhnt.

Am späten Nachmittag rollten sie wieder auf den Hof von Donneracker. Zaz' Mutter sah sich ihr Zimmer an und murmelte etwas von „bezaubernd“. Wenig später gingen die beiden zum Abendessen. Tine winkte ihnen zu. „Ich komme dann nachher zu euch, wenn ich hier fertig bin.“

„Was machen denn eigentlich deine Schulsachen?“, wollte Zaz' Mutter wissen. Ausgerechnet! Die Bücher, die Zaz noch kein einziges Mal angesehen hatte.

Zaz machte eine unbestimmte Handbewegung. „Da habe ich noch nicht so viel gemacht. Die letzten Tage habe ich mich erst einmal eingelebt. Das ist doch okay, oder?“

„Ja, schon.“ Ihre Mutter schnitt sich ein Stück Schnitzel ab. „Aber ich finde, du solltest jetzt ernsthaft anfangen, jeden Tag eine Stunde zu lernen. Du willst es doch nicht noch einmal so spannend machen wie im letzten Schuljahr. Versprichst du mir das?“ Auffordernd sah sie Zaz an. Die knirschte mit den Zähnen und nickte. „Klar. Sicher. Ich meine, das war doch von Anfang an klar, oder?“ Sie erinnerte sich ungern an das letzte Schuljahr. Mathe und Physik waren einfach nicht ihre Leidenschaft. Die Sache mit den Zahlen war ihr ein Rätsel, egal wie sehr sie sich anstrengte …

Ihre Mutter nickte ebenfalls.

„Und jetzt muss ich unbedingt noch mit Tine reden. Könntest du sie denn an den Tisch holen?“

Zaz schob den Stuhl nach hinten und verschwand in der Küche. „Tine? Mum will mit dir sprechen. Könntest du zu ihr gehen?“

„Mit mir sprechen?“ Eine Augenbraue von Tine flog nach oben. „Was könnte meine Schwiegertochter nur von mir wollen? Sie redet doch sonst kaum mit mir.“

„Keine Ahnung, ehrlich!“ Zaz griff nach einem Geschirrtuch. „Ich kümmere mich so lange um den Laden hier.“

Tine verschwand. Zaz warf einen Blick auf den kleinen Bestellblock, der auf der Theke lag. Salate, Schnitzel, Gulasch. Die meisten Sachen konnte sie vorbereiten.

Es dauerte allerdings nur wenige Minuten, bis Tine wieder zurück in die Küche stürmte. „Deine Mutter will mir zwischen Hauptgang und Nachspeise mal eben eine Nachhilfestunde in Unternehmensführung geben. Als ob sie auch nur den Hauch einer Ahnung von meinem Gewerbe hätte!" So wütend hatte Zaz ihre Großmutter noch nicht gesehen.

„Und? Wie hast du sie bremsen können?"

„Gar nicht." Tine schnaubte. „Ich bin einfach aufgestanden und gegangen."

„Dass du mich bis zum Ende der Sommerferien an der Backe hast, hat sie dir auch gesagt?" Zaz legte den Kopf schräg und probierte ein schiefes Lächeln.

Ein Lachen war die Antwort. Tine nahm sie in den Arm und fuhr ihr über den Kopf. „Meinetwegen kannst du hier bis zum Ende deiner Tage bleiben. Du bist mir eine tolle Hilfe, und ich freue mich, wenn du hier bist. Dann habe ich mal ein bisschen Leben in der Bude."

„Klar, allzu viel Leben steckt in deinen Gästen nicht drin", grinste Zaz. „Das ist mir schon vom ersten Tag an aufgefallen."

„Na, na. Immerhin sind das zahlende Gäste!" Tine grinste und griff nach den Tellern, die Zaz vorbereitet hatte. Sie schien ihre gute Laune wiedergefunden zu haben.

Erst eine ganze Weile später brachte Zaz ihrer Mutter einen Espresso auf die Terrasse und setzte sich wieder zu ihr. Die schien sie nicht vermisst zu haben. Sie starrte in ihr Handy und hackte Botschaften in die Welt hinaus. Eine Weile sah Zaz zu, dann gähnte sie demonstrativ.

„Ich gehe jetzt schlafen. Der Tag in der Stadt war wirklich total anstrengend. Und ich will ja morgen nicht im Kino einschlafen!“

Ihre Mutter nickte. „Ist gut, Liebling. Wie sehen uns dann beim Frühstück, in Ordnung?“

„Sicher!“ Damit verschwand Zaz in ihrem Zimmer, wo sich jetzt die Tüten in einer Ecke stapelten. Sie zog aus einer Tasche den neuen Helm und setzte ihn auf. Zum Glück hatte sie jede Farbe, Glitzer und Lack vermeiden können. Der Helm war einfach nur schwarz. Er saß recht eng am Kopf, aber die Verkäuferin hatte versichert, dass er sonst keinen Schutz bieten würde. Trotzdem: Sie wollte lieber den alten Samthelm ihres Vaters tragen. Der passte irgendwie besser zu diesem Reiten ohne Sattel und Zaumzeug.

Nachdenklich sah sie aus dem Fenster. Der Mond war rund und voll aufgegangen, und man konnte am Waldrand sogar die einzelnen Bäume voneinander unterscheiden. Täuschte sie sich, oder stand da schemenhaft ein Pferd? War das Monsun? Sie war sich nicht sicher.

Was, wenn sie den Ausgang benutzte, der ihr schon am ersten Tag aufgefallen war? Zaz öffnete das Fenster und begutachtete noch einmal das Vordach und die rankende Rose davor. Es konnte nicht zu schwer sein, das als Fluchtweg zu benutzen.

Kurz entschlossen schwang sie ihre Beine nach draußen und rutschte vorsichtig über das Vordach bis zu dem Rankgitter. Hier konnte sie wie an einer Leiter nach unten klettern. Den letzten Meter nach unten sprang sie und sah sich um.

Auf der Terrasse war kein einziger Gast mehr zu sehen. Hier gingen alle früh ins Bett. Nur zwei Stimmen waren noch von dort zu hören.

Leise schlich Zaz sich näher heran. Sie hörte ihre Mutter und Tine. Beide waren offenbar ziemlich aufgeregt.

„Du kannst nicht einfach so weitermachen und auf das Beste hoffen! Du brauchst einen ordentlichen Plan, wie du Donneracker wieder auf Vordermann bringen kannst. Hast du einen?“ Mum in ihrem Element.

„Ich hoffe auf ein paar gute Monate, und dann werde ich in ein paar überfällige Renovierungen investieren. Aber wie soll ich einen Plan schmieden, wenn mir die Banken kein Geld mehr geben? Ich kann sowieso nichts umsetzen.“

„Dann brauchst du einen überzeugenderen Plan, einen, bei dem deutlich wird, wie du das geliehene Geld wieder einspielen kannst. Da können wir dir doch helfen. Hast du eine Ahnung, wie dieses Donneracker aussieht? Hier riecht alles nach Versagen. Vor allem die alte Zimmereinrichtung. So will doch niemand mehr schlafen!“

„Es gibt auch Menschen, die nicht so viel Wert auf Sterne legen wie du, meine Liebe. Manchen ist ein Aufenthalt im Wald mit viel Natur und ganz ohne ein Handynetz auch etwas wert. Dieser Ort ist etwas Besonderes …“ Tines Stimme war leiser geworden.

„Und weil es etwas so Besonderes ist, lässt sich dein Sohn hier überhaupt nicht mehr blicken? Ich habe eher das Gefühl, dass er es nicht erträgt, wie du dieses Anwesen herunterwirtschaftest. Du verrätst ihm ja nicht einmal, wie viele Schulden du wirklich angehäuft hast. Es ist ein Jammer." Mums anklagende Stimme wurde immer lauter.

Seufzend wandte Zaz sich ab. Bei diesen Gesprächen unter Erwachsenen wurde ihr immer ganz schwindlig. Anscheinend konnten ihre Eltern nur in Zahlen denken. Ihre Mutter bemerkte so überhaupt nicht den wunderbaren Duft, der jetzt in der warmen Abendluft vom Boden aufstieg und sich mit dem Geruch von süßen Nachtblüten mischte. Irgendwo fing eine Grille an zu zirpen. Zaz schloss die Augen. Noch vor einer Woche wollte sie auf keinen Fall in diese grüne Hölle. Und jetzt sah sie mit einem Mal das Paradies in diesem Wald.

Langsam ging sie in Richtung des dunklen Waldrands. Sie musterte die dunklen Bäume. Ob sie sich wohl getäuscht hatte, als sie den Umriss eines Pferdes gesehen hatte? Eine Wolke zog vor den Mond, und es wurde zu düster, um etwas zu erkennen. Zaz zog die Augenbrauen zusammen und sah angestrengt in die Finsternis, als mit einem Mal hinter ihr Schritte ertönten und ihr ein weiches Maul in den Rücken stupste.

„Monsun! Mir wäre fast das Herz stehen geblieben!" Zaz

fuhr herum und legte ihre Arme um den Hals der Stute. „Und wie hast du mich gesehen? Nicht viel, und du hättest mich einfach über den Haufen gerannt!"

„Wohl kaum."

Jetzt blieb Zaz wirklich das Herz stehen.

„Fee? Bist du das? Wie kannst du mich so erschrecken? Was machst du hier in der Dunkelheit im Wald?"

„Ich bin oft nachts unterwegs. Ich mag es, wenn ich genauso viel sehen kann wie alle anderen Menschen. Nämlich nichts. Und heute Abend sind Luna und ich Monsun gefolgt. Sie wartet jetzt seit einer Stunde hier am Waldrand auf dich. Wusstest du das?"

„Ich habe mir eingebildet, dass ich ein Pferd zwischen den Bäumen sehe, aber ich war mir nicht sicher. Deswegen bin ich gekommen." Ihre Stimme klang fremd im Dunkeln. „Aber was sagen deine Eltern zu deinen nächtlichen Ausflügen?"

„Sie wissen nichts davon." Fee schien es nicht für nötig zu halten, mehr zu erklären. „Komm, schwing dich auf Monsuns Rücken. Es wird Zeit, dass du ein paar Sachen lernst."

Zögernd griff Zaz in die Mähne der Stute neben ihr. Die

rührte sich keinen Zentimeter. Also sprang Zaz ab und zog sich mühsam nach oben. Vom lässigen Aufspringen der anderen war sie noch weit entfernt.

„Und jetzt?“ Sie hatte das Gefühl, dass Fee einen Plan verfolgte.

„Jetzt lernst du reiten. Dass du dich oben halten kannst, haben wir gestern gesehen. Aber es wäre schon schick, wenn du ein bisschen mehr hinkriegen würdest.“

„Okay.“ Zaz richtete sich auf Monsuns Rücken auf. Die Muskeln an ihren Oberschenkeln protestierten. „Ich habe Muskelkater!“, stellte sie fest.

„Alles andere wäre überraschend“, lachte Fee. „Beim Reiten benutzt du Muskeln, die sonst wenig verwendet werden. Wer drückt schon ständig seine Knie zusammen und hält so sein Körpergewicht auf einem glatten Pferderücken? Aber ich fürchte, du musst trotzdem weiter üben. Versuche, Monsun in Schritt zu bringen.“

Vorsichtig drückte Zaz die Beine etwas fester zusammen. Und tatsächlich hob die Stute den Kopf und fing an, langsam ein Bein vor das andere zu setzen.

„Und jetzt musst du die Steuerung kennenlernen. Wenn du einen Zügel hättest, dann würdest du einfach am linken Zügel ziehen, bis das Pferd nach links geht. Aber das machen wir nicht – und es hat eigentlich auch nicht viel mit Reiten zu tun. Was du jetzt tust, ist viel einfacher: Du verlagerst dein Gewicht nach links. Monsun wird versuchen, unter das Gewicht zu treten, und geht nach links. Probier es aus!" Fee klang aufmunternd, so als wäre es die einfachste Sache der Welt.

Zaz verlagerte ihr ganzes Gewicht erst nach links und dann nach rechts – und tatsächlich beschrieb Monsun unter ihr eine Schlangenlinie. Begeistert streichelte Zaz ihr den Hals.

„Das ist ja einfach! Warum machen alle so einen Wind, wenn es darum geht, reiten zu lernen? Ist ja keine Wissenschaft!"

„Du wirst feststellen müssen, dass es noch einige Feinheiten gibt, die ein bisschen länger dauern, bis man sie gelernt hat!" Jetzt klang Fee spöttisch. „Du solltest dich zum Beispiel nicht immer so wild nach links und rechts legen. Wenn du Pech hast, fällst du irgendwann hinunter. Deine Monsun ist so feinfühlig, dass sie keine starken Befehle braucht. Es reicht, wenn du nur ganz leicht den Schwerpunkt verlagerst. Versuch mal, die Richtung zu ändern, indem du deinen Kopf in die Richtung drehst, in die du gehen willst. Das könnte schon reichen."

Auf der Wiese drehte Zaz jetzt den Kopf mal nach rechts, mal nach links – und Monsun beschrieb auf magische Weise größere und kleinere Kreise, genau so, wie Zaz ihren Kopf drehte.

„Das ist ja wie Zauberei!", erklärte sie beeindruckt.

„Keine Zauberei. Nur richtiges Reiten. Das reicht." Fee saß die ganze Zeit bewegungslos auf ihrer Luna. Ihr Gehör schien ihr zu verraten, was Zaz gerade machte.

Nach einiger Zeit forderte sie Zaz auf: „Und jetzt das Ganze im Trab. Wir wollen ja irgendwann in dieser Nacht noch ins Bett kommen. Und wie Arpad so schön sagt: Wir werden das Rennen kaum im Schritt gewinnen."

Täuschte Zaz sich, oder lächelte Fee bei diesem Satz? Egal. Vorsichtig drückte sie wieder die Beine zusammen, achtete nicht auf ihre protestierenden Muskeln und schnalzte leise. Würde Monsun sich immer noch weigern, mit ihr eine schnellere Gangart zu wählen? Nein, die Stute setzte sich problemlos in einen langsamen Trab. Es bereitete Zaz einige Mühe, überhaupt gerade sitzen

zu bleiben. Wie sollte man bei dem Geruckel auch noch sein Gewicht verlagern?
Fee erwies sich als geduldige Lehrerin.
„Du musst deine Mitte finden. Mach die Augen zu und konzentriere dich nur auf dein Becken. Das soll genau im Rhythmus des Trabens mitschwingen. Das ist gar nicht schwer. Es geht darum, sich nicht zu verkrampfen, sondern locker zu bleiben. Verstehst du, was ich meine?"
„Ich habe da so eine Ahnung", keuchte Zaz. Obwohl die Nachtluft kühl war, fing sie an zu schwitzen. Diese Reiterei war doch anstrengender, als sie gedacht hatte.
Als Nächstes probierten sie das Ganze im Galopp. Und während die Sterne und der Mond langsam über den Himmel wanderten, wurde sie immer sicherer – und Monsun schien auf immer feinere Befehle zu reagieren.
Als sich der Himmel am Horizont im ersten blassen Blau verfärbte, hob Fee eine Hand. „Du musst ein bisschen schlafen. Und deine Monsun auch. Bist du morgen wieder hier?"
„Meine Mum ist irgendwann am Nachmittag wieder weg. Dann kann ich kommen – und wenn ich es schaf-

fe, wieder heimlich aus dem Haus zu kommen, können wir uns auch noch mal in der Nacht treffen. Tine ist nicht sonderlich streng. Sie hat andere Sorgen …" Erst jetzt erinnerte sie sich wieder an den Streit zwischen Tine und ihrer Mutter. Ob sie wohl noch lange geredet hatten?

Vorsichtig lenkte sie Monsun bis vor die Pension. Die Stute benahm sich, als hätte sie niemals etwas anderes getan. Zaz schaffte es mühelos, sie zum Halten zu bringen, und ließ sich von ihrem Rücken gleiten.

Erst jetzt merkte sie, wie unendlich müde sie war. Jeder Muskel schmerzte, und ihre Beine schienen sich verformt zu haben: Zaz konnte ihre Knie kaum noch dazu bringen, sich zu berühren.

Zum Abschied winkte sie Fee zu, bis ihr einfiel, dass das Mädchen das nicht sehen konnte. „Danke, Fee", flüsterte sie leise. „Du hast echt viel Geduld mit mir."

Sie streichelte Monsun ein letztes Mal über das weiche Fell. Dann starrte sie einen Augenblick die verschlossene Eingangstür an. Ihr wurde klar, dass sie noch einmal in dieser Nacht sportlich sein musste: Sie kletterte am Rankgitter der Rosen wieder nach oben, krabbelte über das Vordach und stieg in ihr Zimmer. Endlich! Sie streifte die Sneaker von den Füßen und ließ sich auf ihr Bett fallen.

Noch bevor sie richtig lag, fiel sie in einen tiefen Schlaf.

Nachhilfecamp Donneracker?

Ein lautes Klopfen an der Tür weckte sie.
„Was ist los, du Schlafmütze? Willst du heute überhaupt nicht aufwachen? Oma serviert schon bald das Mittagessen, und du hast noch nicht einmal gefrühstückt!"
Zaz richtete sich blinzelnd auf und sah an sich hinunter. Dreckige Hosen, verschwitztes T-Shirt, Erde unter den Fingernägeln. Sie durfte so auf keinen Fall die Tür öffnen, Mum würde sonst sofort ahnen, dass irgendetwas nicht stimmte. So schnell es ging, schlüpfte sie aus der Hose, zog sich ihr Schlafshirt über und ging zur Tür.
„Guten Morgen! Es ist Sonntag, da darf ich mich doch mal ausruhen? Oder etwa nicht?"

Wenigstens sah sie recht verschlafen aus.
Ihre Mutter musterte sie und schüttelte den Kopf. „Ich habe keine Ahnung, wovon du dich erholen musst. Aber könntest du jetzt mal aufstehen und etwas essen? Wir wollen doch in die Stadt und ins Kino – oder etwa nicht?"
„Doch, doch", murmelte Zaz. „Ich bin ja gleich bei dir!"
Geräuschvoll zog ihre Mutter die Luft durch die Nase. „Und dusche mal wieder. Dass ich dir das in deinem Alter noch sagen muss!"

Eine halbe Stunde später saß Zaz mit nassem Haar und in neuen Sachen im Auto ihrer Mutter.
„Wie gefällt es dir denn eigentlich bei Tine?" Wenn die Stimme ihrer Mutter so beiläufig klang, dann verfolgte sie immer einen Plan.
Daher antwortete Zaz so vorsichtig wie möglich. „Gut. Ein bisschen viel Landschaft und Wald, aber das weißt du ja. Wieso fragst du?"
„Ach, nur so. Hat sie denn eine Hilfe mit den Zimmern, dem Essen, dem Bedienen? Sie ist ja nicht mehr die Jüngste."

Aha. Es ging also darum, ob Tine Donneracker überhaupt führen konnte. Zaz bekam Angst um ihre Großmutter. Wenn Mum erst einmal eine Meinung gefasst hatte, dann war es schwer, sie davon abzubringen. „Das kriegt sie schon hin. Ihre Hilfe ist im Moment wohl nur krank, deshalb hat sie so viel zu tun."

„Ich habe das Gefühl, dass sie mit dieser Pension überfordert ist. Wir müssen ihr helfen, glaubst du das nicht?"

Ihre Mutter sah sie kurz von der Seite an und dann wieder konzentriert auf die Straße, die sich durch die Landschaft schlängelte.

„Überfordert? Nein. Ich glaube, ihr macht das Spaß. Oder kannst du dir Tine vorstellen, wie sie in einem Seniorenheim auf der Terrasse sitzt und sich bedienen lässt? Das passt nicht zu ihr. Sie ist auch noch viel zu jung."

„Das habe ich nicht gemeint. Aber es gibt schließlich auch weniger schwere Arbeit. In der Stadt. Sie könnte Donneracker verkaufen." Ihre Mutter schien zu bemerken, dass Zaz erschrocken die Luft anhielt. „Oder sie vermietet die Pension. Dann könnte sie von diesem Geld bei uns in der Nähe wohnen."

„Das kannst du Tine nicht antun!", rief Zaz. „Sie soll

dann den ganzen Tag bei uns in der Stadt herumsitzen? Es gibt bestimmt einen anderen Weg, um aus Donneracker wieder eine gut laufende Pension zu machen."
Ihre Mutter sah Zaz mit hochgezogener Augenbraue von der Seite her an. „Ich erinnere mich gut daran, dass du noch vor wenigen Tagen von einem Landgefängnis gesprochen hast. Davon, dass wir dich in die grüne Hölle abschieben. Und jetzt müssen wir diese Bruchbude mit all ihren Schulden plötzlich schützen? Was ist denn mit dir passiert?"
Zaz zuckte mit den Schultern. „Ich kann doch mal meine Meinung ändern!"
„Wenn du meinst …" Ihre Mutter klang nicht überzeugt. Eine Weile fuhr sie schweigend, dann redete sie weiter: „Ich habe über deine Lernerei nachgedacht."
„Da haben wir doch schon gestern drüber gesprochen." Zaz' Stimme klang empört. „Ich habe bis jetzt noch nicht so viel gemacht, aber das wird sich ändern."
Ihre Mutter seufzte leise. „Ich weiß. Aber dein Vater ist der Meinung, dass du bei einem Onlineprogramm teilnehmen solltest. So können wir uns auch sicher sein, dass du jeden Tag etwas machst – und wir bürden Tine

nicht die Verantwortung für deine Lernerei auf. Das wäre doch gut, oder? Ich suche zu Hause etwas Passendes für dich raus und schicke dir dann den Link. Okay?"

Was blieb Zaz anderes übrig, als ergeben zu nicken? Sie musste also in den nächsten Tagen nicht nur reiten lernen, sondern auch noch auf irgendeiner Lernseite Aufgaben abarbeiten. Und ihre Eltern konnten sich ihre Fortschritte ansehen. Pension Donneracker wurde mit einem Schlag zu einer Art Nachhilfecamp.

Dann erinnerte sie sich an den Ausflug mit Monsun in der letzten Nacht. Wie die Stute auf ihre feinsten Befehle nach rechts oder links gegangen war, so als ob ihre Gedanken auf eine geheimnisvolle Art miteinander verknüpft wären. Sie hatten einander vertraut und sich blind verstanden.

Zaz lächelte leise. So schlecht waren die Ferien doch nicht.

Beim Kino angekommen, kaufte Zaz' Mutter die Tickets und einen großen Topf Popcorn. Gemeinsam betraten sie den Kinosaal, in dem nur wenige Zuschauer saßen. Zaz kuschelte sich in den gemütlichen Kinosessel. Es wurde dunkel, eine lustige Geschichte um eine Schulklasse und einen neuen Lehrer entspann sich – und Zaz spürte, wie ihr die Lider schwer wurden. Die Nacht im Wald forderte ihren Preis.

Mum stupste sie an. „Schläfst du etwa?"

Zaz blinzelte und sah die Buchstaben des Abspanns über die Leinwand tanzen. Ihr fehlte die komplette zweite Hälfte des Films. „Nein, nein. Ich hab nur einen Augenblick die Augen zugemacht. Die Luft hier drin ist so schlecht."

Ihre Mutter sah sie kopfschüttelnd an. „Ich weiß wirklich nicht, was du in Donneracker machst, dass du so müde wirst", murmelte sie.

Während sie zurückfuhren, klingelte das Handy. Zaz' Mutter betätigte die Freisprechanlage. „Ja? Wirklich? Das klingt nicht gut. Ich komme." Ihre Antworten waren immer so knapp, wenn es um Geschäftliches ging. Sie wandte sich an Zaz.

„Ich muss möglichst schnell zurück. In der Firma, die wir betreuen, ist etwas nicht in Ordnung. Vielleicht werfe ich dich auf Donneracker nur schnell raus und fahre dann weiter. Du sagst Tine noch Grüße von mir,

ja? Sie soll sich keine Sorgen machen, wir kümmern uns um sie."
Das klang fast wie eine Drohung.
„Und für dich suche ich nach einer spannenden Lernchallenge für den Sommer, okay?"
Lernchallenge. Immer, wenn es besonders lustig, spannend und jugendlich klang, dann war es besonders schlimm. Lernen machte nicht unbedingt mehr Spaß, wenn man kleine Strichmännchen und Comicfiguren danebenmalte.
Vor der Pension hielt ihre Mutter wirklich nur so lange, dass Zaz aussteigen konnte. Dann winkte sie, wendete und schoss davon. Wahrscheinlich war sie froh, dass sie das Gepäck schon am Morgen eingepackt hatte.
Tine trat neben Zaz. „Was ist denn jetzt los? Sie fährt ja, als ob alle bösen Geister hinter ihr her wären."
„Irgendetwas ist wieder passiert in der Firma, die sie gerade betreuen. Ich soll dich schön grüßen. Und dir sagen, dass du dir keine Sorgen machen sollst, sie und Dad kümmern sich um dich."
„Das *macht* mir doch die Sorgen." Tine klang ernst. „Nichts gegen deine Eltern, Zaz. Aber sie denken, dass

nur Geld einen Wert hat. Freude an der Arbeit, Erinnerungen und Lachen tauchen auf ihrer Liste der erstrebenswerten Dinge nicht auf." Sie seufzte und legte Zaz ihre Hand auf die Schulter. „Aber das sind keine Dinge, die dich beschäftigen sollten. Wie war es denn im Kino? Hat dir der Film gefallen?"

„Ich bin eingeschlafen", gestand Zaz. „Die viele frische Luft hier macht einfach so müde, ich könnte rund um die Uhr nur schlafen."

„Und ich hätte geschworen, ich habe letzte Nacht gehört, wie jemand über das Rosenspalier aus dem Haus herausgeklettert ist." Tine zwinkerte ihr zu. „Das habe ich das letzte Mal gehört, als dein Vater hier noch gewohnt hat. Aber ich kann mich natürlich auch täuschen."

„Das hast du ganz bestimmt, Tine." Zaz grinste ihre Oma an und wusste, dass sie sich darauf verlassen konnte, dass ihr Geheimnis hier sicher war.

Über Hindernisse

Anerkennend pfiff Arpad durch die Zähne. „Nachts habt ihr geübt? So etwas kann nur Fee einfallen!"

„Gar nicht!" Fee lachte. „Zaz kam von selbst in den Wald, weil Monsun am Waldrand auf sie gewartet hat."

Arpad musterte Zaz, die entspannt auf Monsun saß, während sie gemeinsam durch den Wald trabten. Dann nickte er. „Okay. Dann sollten wir jetzt ins echte Training einsteigen." Er drehte sich zu Lukas um, der wie immer mit ein paar Metern Abstand hinterhertrödelte. „Hast du schon was rausgefunden?"

„Ich muss es mir noch anschauen, aber ich glaube ja. Wenn wir aufhören, Zaz zu bewundern, dann kann ich euch auf meinem Tablet etwas zeigen."

Neugierig rutschte Zaz von Monsuns Rücken. Was konnte Lukas entdeckt haben?

Als sich alle um Lukas versammelt hatten, zog der sein Tablet aus dem Rucksack, schlug es auf und startete ein Video. „Ich habe direkt nach der Herausforderung der Biker eine kleine Kamera an ihrer Trainingsstrecke montiert. Es war ja klar, dass sie ein paar Tricks einüben werden, mit denen sie es uns schwermachen wollen", erklärte er. „Und ich denke, gestern haben sie sich etwas ausgedacht."

Alle drängten sich um ihn und sahen auf den kleinen Bildschirm. Schemenhaft konnte man sehen, wie die Biker über ihren Trainingsparcours flitzten.

Angestrengt starrte Zaz auf das Tablet und versuchte, etwas zu erkennen.

„Sie haben die Betonquader umgestellt!", rief sie dann überrascht aus.

„Ja, das sehe ich auch so", nickte Lukas. „Schaut her: Offensichtlich wollen sie, dass wir auf die Quader springen, auf den Dingern vorwärtsreiten und dann wieder hinunterspringen."

„Betonquader? Wenn wir uns da verschätzen, brechen sich unsere Pferde die Beine!" Ann-Sophie hörte sich entsetzt an. „Und weder Müller noch Luna oder Monsun sind Springpferde.“ Arpad dachte nach. „Wie hoch sind diese Dinger?“

Zaz zögerte nicht lange. „Ein bisschen mehr als ein Meter, vielleicht ein Meter und zehn Zentimeter. Höher ganz bestimmt nicht, ich habe ja noch vor einer Woche danebengestanden.“

„Das ist für Kronos eigentlich ein Witz, der kann viel höher springen“, erklärte Ann-Sophie. „Feuertanz kann das auch, der macht für Arpad alles. Wie viele von uns müssen denn die Hindernisse bei diesem Rennen überwinden? Wir alle? Oder reicht es, wenn die anderen den längeren Weg außen herum nehmen? Haben wir das so genau festgelegt?“

Arpad schüttelte den Kopf. „Natürlich ist der Weg außen herum sehr viel länger. Wenn ich es aber richtig verstanden habe, dann muss jeweils nur einer von uns eines der Hindernisse überwinden – und entscheidend ist, wer zuerst über die Ziellinie geht. Es sollte also reichen, wenn Kronos die Betonblöcke überwindet.“

„Gut.“ Ann-Sophie nickte. „Ich sollte mit ihm üben, dass er auf ein Hindernis aufspringt und dann nach ein oder zwei Trabtritten wieder abspringt. Das sollte in der Zeit, die uns bleibt, klappen. Was hast du noch auf deinen Videos gefunden?"

„Schwer zu sagen." Lukas zuckte mit den Schultern. „Die machen da irgendetwas mit dem Erdhaufen am anderen Ende des Parcours. Aber das ist zu weit weg, ich kann nichts erkennen. Oder hat da einer von euch eine Idee?"

Zaz dachte zurück an ihren Tag in der Burg der Biker. „Erst einmal zurück zu den Betonblöcken. Als ich dort war, haben sie die Dinger ein wenig auseinandergezogen, da waren fiese Spalte dazwischen. Einer von den Bikern ist sogar reingeflogen und hat sich ganz schön wehgetan. Kann Kronos das trotzdem?" Sie sah Ann-Sophie fragend an.

Zum ersten Mal sahen sich die beiden Mädchen einen Augenblick lang in die Augen. Dann zuckte Ann-Sophie mit den Schultern. „Ein guter Meter, das sind die Abstände von Trabtritten. Wenn ich lande und sofort in den Trab durchpariere, dann könnte das hinkommen. Wenn nicht …" Sie schluckte. „Es ist auf jeden Fall eine üble Aufgabe. Die wollen unseren Pferden richtig wehtun!"

„Und dahinten am Erdhügel haben alle versucht, seitlich abzurutschen. Die Erde ist weich und gibt nach." Zaz sah die anderen an. „Wie bringt man ein Pferd dazu, einen Hügel nach unten zu rutschen? Setzt es sich dafür auf den Hintern?" Sie lachte verzweifelt auf. „Das kann ich mir nicht vorstellen!"

„Es könnte aber gehen." Arpad sah sie ernst an. „Wenn ein Pferd ausreichend Vertrauen hat, dann wird es für dich auch einen Hügel hinunterrutschen."

Lukas klappte sein Tablet wieder zu. „Das ist für heute alles. Ich hoffe, dass ich in den nächsten Tagen noch mehr sehe. Alles, worauf wir uns vorbereiten können, ist gut!" Er wandte sich Zaz zu. „Was meinst du? Gibt es einen zweiten Ort, an dem ich vielleicht eine Kamera installieren sollte? Wo sind sie unterwegs, wenn sie nicht auf ihrem Parcours sind?"

„Ich weiß nicht …" Angestrengt dachte sie nach. Und mit einem Mal fiel ihr etwas ein.

„Die Musik! Erinnert ihr euch daran, wie sie uns aus dem Weiher gescheucht haben? Das haben die nicht zum ersten Mal gemacht. Wenn sie unsere Pferde ärgern wollen, dann hängen sie Lautsprecher an ihre Bikes, drehen sie auf und jagen die komplette Herde. Das macht die Pferde richtig scheu!"

„Wie bitte? Die jagen unsere Pferde?" Arpad ballte die Fäuste. „Und das hast du uns bisher nicht erzählt? Hast du gedacht, das ist nicht wichtig?"

„Ich dachte, ihr wisst Bescheid", antwortete Zaz. „Was glaubst du, warum Monsun auf diesen Ty losgegangen ist? Er hat sie zwei Tage vorher übel erschreckt. Und dann hat sie sich gerächt. Leider war es eine blöde Idee, gegen Speichen zu treten ..."

„Wenn wir das gewusst hätten, dann hätten wir ihr Lager schon vor Wochen zu Kleinholz verarbeitet", knurrte Arpad. „Die können doch keine schutzlosen Tiere durch den Wald jagen, bloß weil sie Pferde nicht leiden können! Ich war mir sicher, dass sie es bei unserem Besuch in der Bikerburg zum ersten Mal gemacht haben."

„Nein, das haben sie vorher schon getan. Ich habe das beobachtet – ich hatte nur keine Ahnung, was es bedeutet. Sie haben Lautsprecher, die sie mit Ketten an die Bikes hängen. Ihr habt es gehört und gemerkt: Bei dem Lärm drehen die Pferde durch. Sie rennen davon, und nicht einmal ihr habt einen Einfluss darauf, wohin die Reise geht.“ Zaz sah die anderen mit großen Augen an. „Was, wenn die das während des Rennens machen? Wenn sie unsere Pferde so erschrecken, dass die in die falsche Richtung rennen?“

Wieder ein leiser Pfiff von Arpad. „Du hast recht. Das muss ihr Plan sein. So können sie uns schlagen.“

Sie wurden still. Zaz biss sich vor Aufregung auf die Zunge. Was konnte man dagegen machen, dass Pferde schreckhafte Fluchttiere waren? Das lag in ihrer Natur. So viel hatte sie inzwischen auch verstanden.

„Wir gewöhnen sie daran!“, rief Lukas. „Wir besorgen uns die gleichen miesen, scheppernden Boxen. Wir drehen sie auf und reiten so lange herum, bis es den Pferden egal ist. Was meint ihr? So muss es doch gehen, oder?“

„Bis auf den kleinen Haken mit dem *besorgen*.“ Arpad zog eine Grimasse. „Selbst wenn unsere Fahrradfreunde die billigsten Dinger der Welt haben – die gibt es immer noch nicht geschenkt. Ich hab leider kein Geld.“

„Aber ich.“ Das war Ann-Sophie. „Meine Oma hat mir Zeugnisgeld gegeben. Für jede eins zehn Euro. Ich kann mir vorstellen, dass die Kohle reicht. Wir müssen nur in die Stadt, um die Lautsprecher zu kaufen. Wer kommt da als Nächster hin?"

Zaz hörte ihr kaum noch zu. Einser im Zeugnis? Von welchem Planeten stammte Ann-Sophie? Zeugnisgeld hatte Zaz nicht mehr gesehen, seit sie die Grundschule verlassen hatte. Einser und Zweier hatte sie nicht im Angebot.

Vor lauter Überraschung verpasste sie fast Arpads Antwort. „Ich bin jeden Tag in der Stadt, das wisst ihr doch. Gib mir das Geld, und ich kaufe diese Boxen."

„Soll ich mitkommen? Ich weiß immerhin, wie sie aussehen", bot Zaz sich an. Aber Arpad schüttelte nur den Kopf. „Nein. Kleine Boxen, mieser Klang, lautes Scheppern. Das sollte ich ohne deine Hilfe hinkriegen."

Ohne ein weiteres Wort zog Ann-Sophie einen Geldbeutel aus ihrer Tasche und drückte Arpad mehrere Zehner in die Hand. „Ich hoffe, das reicht. Morgen bringe ich noch mit, was in meinem Schreibtisch liegt."

Lukas und Fee zogen ebenfalls Geld aus den Taschen und drückten es Arpad in die Hand. „Und dann müssen wir morgen nur noch ein Handy anschließen und irgendeine scheußliche Musik abspielen."

„Gut. Und heute sollten wir wirklich ein paar einfachere Sachen üben. Schlangenlinien, kleine Hindernisse, schnelle Richtungswechsel. Zaz muss noch sicherer werden“, beschloss Arpad.

„Ich dachte, du wolltest sofort los und dich um die Boxen kümmern statt um unsere Anfängerin?“ Ann-Sophie klang schnippisch.

„Der Anfängerin verdanken wir die Erkenntnis, dass die Biker nicht mit sauberen Mitteln kämpfen wollen“, erklärte Arpad ernsthaft. „Du kannst also ruhig ein bisschen netter sein. Oder ihr zeigen, wie die Sache mit den Hindernissen funktioniert, während ich nach den Lautsprechern suche.“

„Okay“, murmelte Ann-Sophie und sah Zaz mit zusammengekniffenen Augen an. „Dann komm mal mit. Ich habe mir auf einer Wiese etwas aufgebaut. Die Biker sind schließlich nicht die Einzigen, die einen Parcours haben.“ Ohne eine Antwort abzuwarten, wendete sie ihren Kronos und verschwand im Wald. Zaz beeilte sich, hinter ihr herzutraben. Zum ersten Mal war sie allein mit Ann-Sophie. Die trabte vor ihr her, ohne sich ein einziges Mal umzusehen.

Sie erreichten eine weitere Lichtung. Zaz fragte sich leise, wie viele davon in diesem verschlungenen Gewirr von Wegen im Wald verborgen sein mochten. Diese hier sah fast aus wie ein ordentlicher Reitplatz. Es gab weiß gestrichene Stangen und Hindernisständer auf einem abgegrenzten Platz mit sandigem Boden.

„Habt ihr das alles gebaut?“ Sie sah Ann-Sophie fragend an.

Die zuckte mit den Schultern und schüttelte dann den Kopf. „Nein. Den größten Teil davon hat Felix schon hierhergebracht. Wir haben die Stangen nur noch frisch angemalt, das ist alles. Wir sind hier ganz in der Nähe von Donneracker.“

Sie sprang ohne eine weitere Erklärung von ihrem Fuchs und legte die Stangen in Kniehöhe auf. „Keine Angst: Das hier hat mit Springen noch nicht viel zu tun. Es wird sich für dich nur wie ein größerer Galoppsprung anfühlen. Es geht jetzt einfach mal um das Gleichgewicht und das richtige Gefühl. Ich zeige es dir. Pass auf!“

Geschmeidig sprang sie wieder auf Kronos, galoppierte an und setzte über die Hindernisse, während sie einfach weiterredete. „Versuche, immer die Mitte des Sprungs zu treffen. Das geht am leichtesten, wenn du immer genau diese Mitte anstarrst, egal wo du bist. Dein Blick muss stur auf den nächsten Sprung gerichtet sein. Und dann …", Kronos sprang über das letzte Hindernis, „… geht alles wie von allein. Also los!"

Zögernd setzte Zaz ihre Monsun in Trab und zuckelte auf die erste Stange zu. Die Stute wurde immer langsamer und blieb vor dem Hindernis stehen. Misstrauisch schnupperte sie an der Stange. Schließlich hob sie ein Bein nach dem anderen und stieg unendlich langsam darüber.

„Wir wissen ja, sie ist eher ein Rennpferd als ein Springpferd." Ann-Sophie sah Monsun mit schräg gelegtem Kopf an. „Probier es noch einmal. Vielleicht im Galopp?"

Bei diesem Versuch bremste Monsun sehr viel stärker ab. Zaz rutschte über ihren Hals direkt auf die Stange und ärgerte sich über sich selbst. Wütend rieb sie sich den Rücken. Langsam konnte sie die blauen Flecken nicht mehr zählen. Monsun sah sie nur überrascht an. Zum Glück erinnerte Zaz sich an die Ermahnungen von Fee und atmete nur tief durch.

„Woher soll sie auch wissen, was ich von ihr will?“

Sie klopfte sich den Dreck von der Hose und kletterte wieder auf Monsuns Rücken. „Vielleicht reitest du einfach voraus, und ich bleibe direkt hinter dir?“

Ann-Sophie sah sie überrascht an. „Das habe ich noch nie in einem Springtraining erlebt. Aber wer weiß, bei euch ist ja alles irgendwie anders …“

Dieses Mal trabte sie also voraus – und zu Zaz' Überraschung sprang Monsun jetzt brav hinterher über jede Stange. Nach zwei weiteren Durchgängen klappte das auch alleine und ohne die Führung von Kronos. Begeistert klopfte Zaz den Hals ihrer Stute. „Von wegen Rennpferd! Gut gemacht, Monsun!“

Die Stute schnaubte leise und schien auf den nächsten Befehl zu warten.

„Das war tatsächlich gar nicht schlecht“, gab Ann-Sophie widerwillig zu. „Bei den anderen hat das länger gedauert.“

„Die haben das alle bei dir gelernt?“ Zaz war überrascht.

„Klar. Ich reite ja auch hin und wieder Turniere. Immer dann, wenn meine Eltern zu laut schimpfen, dass sie mir ein so teures Turnierpferd gekauft haben. Ich möchte sie ja bei Laune halten. Meine Eltern, meine ich. Kronos könnte sicher ohne diese Wettbewerbe mit Zöpfchen und aufgeregten Kindern leben." Ann-Sophie schien die Sache mit den Turnieren fast peinlich zu sein.

„Aber wenn das alle unsere Pferde können, dann könnten wir den Bikern doch auch eine Falle stellen." Zaz dachte nach. „Wir müssten vorher irgendwie rauskriegen, wie die Strecke verläuft. Oder wenigstens Teile davon. Und da bauen wir dann kleine Hindernisse. Die sind für die Bikes total lästig. Sie müssen drumherum kurven, verlieren Zeit, und wir galoppieren einfach drüber. Wäre das nicht eine Idee?"

Nachdenklich spielte Ann-Sophie mit einer ihrer blonden Locken. „Wenn wir das wirklich herauskriegen könnten ... Über kleine Hindernisse kommen sogar Müller und Lukas problemlos."

„Ich denke, wir sollten es probieren. Es kann doch nicht sein, dass diese Biker ganz allein fiese Sachen machen und damit durchkommen." Zaz grinste, als sie sich Tys Gesicht vorstellte.

Sie trainierten noch ein Weilchen, dann zeigte Ann-Sophie Zaz den Weg nach Donneracker.

Zaz hob eine Hand. „Danke, dass du mir das mit den Sprüngen gezeigt hast."

Ann-Sophie winkte ab. „Ist doch selbstverständlich. Wir wollen ja alle gewinnen. Du weißt doch: … *weil wir wilde Geister sind.*" Damit verschwand sie zwischen zwei Bäumen auf einem schmalen Pfad. Zaz sah ihr verdutzt hinterher.

Zum ersten Mal war sie ganz alleine mit Monsun unterwegs. Zumindest als Reiterin. Sie genoss es, als die Stute gemütlich über die Wiese zur Terrasse hinschlenderte und sie vor den Augen der Gäste absteigen konnte. Noch einmal klopfte sie Monsuns Hals, drehte sich um – und stand direkt vor Tine.

„Hallo, Zaz! Deine Mutter hat mich angerufen. Sie hat dich für ein Lernprogramm angemeldet, an dem du jetzt jeden Tag eine Stunde lang teilnehmen sollst. Und ich soll sehen, dass du das auch machst. Könntest du mir einen Gefallen tun und das einfach erledigen? Ich habe keine Lust, dich zu kontrollieren, das könnte dir schon aufgefallen sein. Aber dafür muss ich mich auf dich verlassen können. Kann ich das?"

Langsam nickte Zaz, während sie gleichzeitig versuchte,

eine Lösung für dieses Problem zu finden. Bis zum Rennen sollte sie wirklich jeden Tag auf Monsun sitzen.

„Ja. Sicher. Ich mach mich gleich dran, dann bin ich rechtzeitig wieder in der Küche, um dir zu helfen. Okay?"

Tine sah ihr noch einmal ernst in die Augen und nickte dann. „Klar, du bist mir wirklich eine Hilfe. Aber vergiss nicht: Das Lernprogramm ist wichtiger als meine Gäste oder sauberes Geschirr. Den richtigen Zugang habe ich aufgeschrieben, der liegt in deinem Zimmer."

An diesem Abend kam Zaz erst spät in die Küche. Das Online-Sommercollege hatte mehr Zeit gefordert, als sie gedacht hatte. Wenn ihre Eltern etwas machten, dann richtig. Also gab es bei diesem Programm keine leichten Aufgaben und auch nichts, was man nebenher erledigen konnte. Im Gegenteil: Auch hier musste Zaz wirklich alles geben.

Fiese Fallen

„Gib mir mal den Zugang!" Lukas sah konzentriert auf sein Tablet und hackte wild auf die Tastatur.
„Susannemaus", murmelte Zaz.
„Geht das auch lauter?" Lukas sah nicht einmal auf.
„Susannemaus. So nennt meine Mum mich, seit ich auf der Welt bin. Wahrscheinlich länger. Echt peinlich – aber sie hat mich so da angemeldet. Kann man nichts machen …" Zaz versuchte ein Lachen und merkte erst dann, dass Lukas ihr gar nicht zuhörte.
„Ich bin drin." Er runzelte die Stirn und sah sich den Aufbau des Colleges an. „Kein Problem. Ich erledige das für dich, und du lernst inzwischen reiten. Soll ich Fehler einbauen, damit das glaubwürdiger rüberkommt?"

Zaz sah ihn mit offenem Mund an. „Das ist nicht dein Ernst. Kommen die Fehler nicht von ganz alleine? Ich meine, du bist doch nicht etwa ein Genie oder so?"

„Doch", stellte Ann-Sophie trocken fest. „Ist er. Wenn Lukas sich an deine Aufgaben macht, dann merkt jeder, dass du das nicht selber warst. Niemand, der alles kann, muss so ein bekloppptes Sommercollege mitmachen. Das ist was für Loser."

Zaz zuckte mit den Schultern. „Du hast recht. Lukas soll sich lieber regelmäßig blöd stellen." Sie sah ihm neugierig zu. „Und es merkt echt keiner, dass ich das nicht selbst gemacht habe?"

„Nein. Ich bin du. Zumindest hier im Netz." Ein Grinsen schlich über sein Gesicht. „In Wirklichkeit bin ich natürlich viel schöner."

Jetzt lachten alle gemeinsam. Sie saßen unter den Bäumen, an denen eigentlich der Schäferkarren stehen sollte. Nach dem Training hatte Zaz endlich erzählt, warum sie immer so müde war: Sie half abends Tine – und machte sich dann nachts an das Sommercollege. Und die Horde hatte nicht nur verständnisvoll zugehört und von ihren eigenen Schulgeschichten erzählt, sondern sich eine

Lösung einfallen lassen. So wie echte Freunde das tun, dachte Zaz. Sie sah die anderen an. Schade, dass dieser Sommer in vier Wochen vorbei sein würde.

„Kannst du mir dann auch Beautytipps geben?“ Sie grinste. „Oder reicht es, wenn du mir hin und wieder erklärst, was du in diesem College in meinem Namen machst? Ich möchte am ersten Tag nach den Ferien ja nicht wie der absolute Idiot dastehen.“

„Klar. Ich würde sagen, wir setzen uns nach dem Rennen ein paarmal zusammen. Das kriegst du locker hin.“ Lukas tippte schon fleißig auf das Tablet ein. „Und als Beautytipp würde ich sagen, dass es reicht, wenn du diesen Helm absetzt.“

Am Anfang hatte Zaz ihn gefragt, wie er denn immer einen Zugang zum Internet haben konnte, wenn ihr eigenes Handy überhaupt nicht funktionierte. Die Antwort war eine lange Erklärung, die viel mit anderen Netzen, Verstärkern und Ähnlichem zu tun hatte. Zaz hatte kein Wort verstanden. Außer das Ergebnis: Lukas hatte hier im Wald Netz.

Zaz stand auf und streckte sich. „Also? Was steht jetzt an?“

Arpad deutete auf die kleinen Lautsprecherboxen neben sich. „Jetzt müssen wir sehen, dass unsere Pferde sich an diesen Lärm gewöhnen. Ich würde sagen, wir machen die Boxen leise an und drehen sie allmählich lauter. Oder was meint ihr?"

Die Pferde standen in der Nähe der Baumgruppe, grasten und schlugen hin und wieder mit dem Schweif nach einer Mücke. Sie sahen alle sehr entspannt aus.

„Okay. Probieren wir es." Ann-Sophie nickte.

Arpad drückte auf einen Schalter, und leise scheppernd erklang Musik über die Wiese.

Der Frieden war mit einem Schlag dahin. Die Pferde warfen den Kopf nach oben und sahen misstrauisch in Richtung der fünf Reiter, um eine Sekunde später im donnernden Galopp im Wald zu verschwinden.

Schweigend sahen die fünf hinterher. Arpad stellte wortlos die Musik ab.

„Mit dieser Methode haben die sich in weniger als einer Woche an überhaupt nichts gewöhnt", seufzte Ann-Sophie. „Wir müssen uns was anderes einfallen lassen."

Eine nachdenkliche Stille machte sich breit.

„Vielleicht müssen wir sie doch anbinden. So lange, bis

sie merken, dass die Musik ihnen nichts tut." Zaz sah die anderen an. „Das müsste doch klappen?"

Arpad schüttelte den Kopf. „Deine Monsun anbinden? Nicht einmal du könntest ihr ein Zaumzeug über den Kopf ziehen. Außerdem wollen wir das nicht: Zwang ausüben. Wir wollen die Pferde auf unserer Seite haben. Also müssen wir eine andere Lösung finden."

Nachdenklich stocherte er mit einem Stock im Gras herum.

„Wir dürfen sie nicht alleine lassen." Fee klang nachdenklich. „Wenn wir sie sich selbst überlassen, dann geraten sie nur in Panik. Aber wenn wir bei ihnen sind, können wir ihnen vielleicht klarmachen, dass sie nichts zu befürchten haben."

Nach einiger Zeit kamen die Pferde wieder zurück. Die fünf fingen an, sie auf der Wiese zu reiten, während Arpad die Lautsprecher so leise wie möglich anschaltete. Und tatsächlich: Die Tiere wurden zwar unruhig, aber sie ließen sich überreden, doch in der Nähe der Lautsprecher zu bleiben.

„Müller ist der Lärm eigentlich egal", stellte Lukas fest, als er wieder einmal direkt an den Lautsprechern vorbeitrabte. „Wenn er die Führung übernimmt, dann geraten die anderen auch nicht in Panik. Wetten?“

Sie probierten es aus – und tatsächlich: Solange Müller vorneweg trabte, liefen die anderen ruhig hinterher.

„Morgen machen wir die Musik lauter“, erklärte Arpad. „Dann wäre das schon mal kein Problem mehr. Vielleicht sind sie dann ja auch lässiger, wenn wir nicht dabei sind.“

„Bei dem, was die Biker sonst so veranstalten, habe ich da meine Zweifel“, murmelte Zaz und winkte den anderen zum Abschied zu. „Ich mache mich davon, ich muss Tine noch helfen. Heute ist die Pension voll, und dann ist im Restaurant ganz schön Betrieb.“

Gemütlich machte sie sich mit Monsun auf den Heimweg. Die Stute trabte locker unter ihr dahin, und Zaz träumte sich in eine Welt, in der weder Schule noch Biker eine Rolle spielten.

Erst als Monsun auf einen Schlag stoppte und Zaz fast herunterfiel, bemerkte sie, dass mit dem Weg, den sie nach Hause genommen hatte, etwas nicht stimmte.

Mehrere flache Erdhügel hintereinander lagen plötzlich vor ihr auf dem Weg. Die waren gestern noch nicht hier gewesen.

„Was soll das denn?“, murmelte Zaz.
Sie ließ sich von Monsuns Rücken gleiten und sah sich die merkwürdigen Hügel genauer an. Sie kniete sich neben einen hin und drückte probeweise mit der Hand darauf. Der Hügel brach sofort ein. Ein knietiefes Loch zeigte sich. Die Erde hatte nur auf einem weichen Nylonnetz gelegen, das bei dem leichtesten Druck nachgab. Langsam dämmerte Zaz, was sie da entdeckt hatte. Wenn sie hier entlanggaloppiert wären, dann wäre ganz bestimmt eines der Pferde auf diese weichen, flachen Hügel getreten. Und wäre durchgebrochen. Ein Sturz wäre da noch das kleinste Problem – mit ein bisschen Pech konnten die Tiere sich dabei die Beine brechen.
Sie spürte die Wut in ihrem Bauch. Das hier war kein böser Streich mehr, das war richtig gefährlich. Immer wieder streichelte sie Monsuns Hals.
Sie sah sich den Weg genauer an. Zehn oder zwölf dieser Hügel lagen in unregelmäßigen Abständen vor ihr. Sie lief den Pfad entlang und trat gegen die flachen Hügel. Die gaben sofort nach und sanken zusammen. Jetzt waren die Löcher im Boden deutlich zu sehen. Zaz schaufelte mit bloßen Händen die weiche Erde vom Weg und

füllte die Löcher auf. Dann setzte sie sich wieder auf Monsuns Rücken.

Als sie vor der Terrasse der Pension abstieg, streichelte sie ihr über die Nase. „Wir haben heute Nacht noch etwas vor“, flüsterte sie. „Warte auf mich, ja?“

In dieser Nacht stellte sie den Wecker. Heute gab es Wichtigeres zu tun, als zu schlafen.

Zaz hatte in ihren Kleidern geschlafen. Schnell schlüpfte sie unter der Bettdecke hervor, zog ihre Sneaker an und kletterte über das Vordach und das Rosengitter wieder nach unten. Hoffentlich war Monsun in der Nähe, sonst hatte sie jetzt einen langen Weg vor sich.

Leider wartete dieses Mal niemand am Waldrand auf Zaz. Sie seufzte und pfiff leise in die Dunkelheit. Aber kein leiser Hufschlag zeigte, dass sich die Stute irgendwo in der Nähe aufhielt. Mit einem weiteren Seufzer machte Zaz sich auf den Weg. Von einigen Büschen, an denen sie vorbeikam, zupfte sie vorsichtig ein paar Ranken ab und stopfte sie in einen Beutel, den sie aus der Pension mitgenommen hatte. Nach einigen Hundert Metern hörte sie plötzlich den vertrauten Hufschlag – und nach wenigen Augenblicken stand Monsun vor ihr und pustete ihr mit warmem Atem ins Gesicht. Zaz lächelte und rieb ihr über die Stirn. „Du lässt mich nicht allein, nicht wahr?“

Sie schwang sich auf ihren Rücken und lenkte sie in die Richtung der Bikerburg. Im flotten Trab kamen sie im nächtlichen Wald schnell voran.

Es dauerte nicht lange, und Zaz konnte die Planen des Lagers erkennen. Vorsichtig ließ sie sich von Monsuns Rücken gleiten und lauschte. Kein Laut war zu hören. Vorsichtig schlich sie sich näher. Niemand war hier. Keiner hielt Wache. Offensichtlich rechneten diese Fahrradfahrer nicht damit, dass die Reiter sich rächen könnten. Vorsichtig schlich sich Zaz an den leeren Matratzen vorbei und nahm den schmalen Pfad zu dem Unterstand mit den Rädern. Kaum angekommen, sah sie sich um. Hier kam kein bisschen Sternenlicht an. Es war so finster wie in einem dunklen Handschuh.

Zaz holte ihr Handy aus dem Rucksack und schaltete die Taschenlampe an.

„Mach das besser wieder aus!“ Die Stimme war direkt neben ihrem Ohr. Zaz zuckte zusammen. Ihr Herz raste.

Aber die Stimme hatte vertraut geklungen.

„Bist du das, Fee?“

„Ja, klar. Wer sollte sonst mitten in der Nacht hier im Wald sein? Die Biker bestimmt nicht, die liegen alle zu Hause bei Mami in ihren Betten. Und Lukas und Ann-Sophie würden richtig Ärger mit ihren Eltern bekommen, wenn sie nachts nicht da wären. Arpad muss sich um seine Geschwister kümmern. Bleiben also nur du und ich ... Was hast du vor? Ich verfolge dich schon eine ganze Weile.“

Zaz hob den Beutel mit den Ranken an. „Ich habe Zweige von Brombeeren gesammelt. Wenn wir die zwischen die Mäntel und die Fahrradschläuche der Bikes stecken, sollten wir den Bikern echte Probleme machen. Dann sind die Reifen platt, wenn es ans Rennen geht.“

„Wie bist du denn darauf gekommen?“ Fee klang überrascht.

Zaz lächelte bitter. Dann erzählte sie von den Fallen, die sie entdeckt hatte. „Wenn wir darüber galoppiert wären, hätte sich eines unserer Pferde bestimmt die Beine gebrochen“, schloss sie. „Und da weiß dann sogar ich, dass es vorbei ist.“

„So leicht fallen Pferde nicht auf solche Fallen rein“, murmelte Fee nachdenklich. „Deine Monsun ist ja auch stehen geblieben. Ihr Instinkt bewahrt die Tiere vor vielen Verletzungen. Trotzdem hast du recht: Das ist wirklich total unsportlich. Aber wir hätten mit so etwas rechnen sollen. Diese Biker haben kein Ehrgefühl.“
„Also? Hilfst du mir mit den Brombeerranken?“ Zaz sah Fee gespannt an.
„Ich bin mir nicht sicher. Sind die Räder dann nicht schon morgen platt? Dann werden sie repariert, und wir haben überhaupt nichts davon. Wie können wir dafür sorgen, dass die Reifen erst dann ihre Luft verlieren, wenn die Biker gegen uns im Rennen sind? So, dass sie vorher nichts davon mitbekommen?“ Fee klang nachdenklich.
„Hm. Wir müssen also eine Art Zeitverzögerung einbauen. Du hast recht, daran habe ich noch nicht gedacht.“ Zaz sah sich suchend in dem dunklen Wald um. „Vielleicht, wenn wir Blätter um die Ranken wickeln? Solange sie frisch sind, schützen sie die Schläuche. Aber wenn sie vertrocknen, bröselt der Schutz weg, und die Dornen piken Löcher in den Schlauch. Was hältst du davon?“

„Das klingt gut. Komm, das machen wir bei ein paar Rädern. Kennst du dich aus? Weißt du, welches Rad zu wem gehört?"

„Klar. Das mit der gelben Schlange ist Nalas Rad. Und das mit den gekreuzten Knochen gehört Ty. Die beiden nehmen sicher an dem Rennen teil. Komm, ich hole sie raus. Dann legen wir los."

Mit der Hilfe ihrer Handy-Taschenlampe fand sie die beiden Bikes schnell und schob sie nach draußen. Zur Sicherheit nahm sie noch ein drittes. Vor dem Unterstand ließ Fee mit geschickten Fingern die Luft heraus, hebelte den Mantel mit einem flachen Werkzeug von der Felge und gab die Brombeerranken in einem Päckchen aus weichen Blättern zwischen Schlauch und Mantel. Dann hob sie den Mantel wieder zurück in die Felge.

„So, jetzt nur noch aufpumpen", erklärte sie. „Nicht zu fest, damit die Dornen nicht doch zu früh auf den Schlauch drücken."

Zaz hatte in dem Unterstand auch eine Luftpumpe gefunden und füllte die Schläuche wieder auf. Als die Arbeit getan war, lehnte sie sich zufrieden zurück.

„So. Ich hoffe, das funktioniert. Jetzt sollten wir nach Hause reiten. Es wird sicher bald hell.“

„Stimmt. Wir sehen uns morgen wie immer beim Training. Und …“ Fee zögerte einen Augenblick, bevor sie weiterredete. „Das mit den Brombeeren hätte ich dir gar nicht zugetraut!“

Zaz erreichte Donneracker tatsächlich erst in der Morgendämmerung. Sie konnte auf den letzten Metern kaum noch die Augen offen halten. Als sie endlich ihr Zimmer erreichte, fiel sie ins Bett und schlief sofort tief und traumlos ein.

Der Schwur der Horde

„Morgen ist es so weit." Arpad sah ernst in die Runde. „Und nach allem, was wir wissen, werden wir noch einige Überraschungen erleben. Ich wette, die Biker werden jeden fiesen Trick anwenden, der ihnen einfällt." Er sah Lukas an. „Hast du noch irgendetwas entdecken können? Gibt es etwas, was wir wissen sollten?"

Lukas hob bedauernd seine Schultern an. „Leider nicht. Die letzten paar Tage waren sie nicht mehr auf dem Parcours. Ich nehme an, sie haben im Wald nach dem besten Kurs für das Rennen gesucht. Aber leider habe ich nicht sehen können, wo der verläuft. Oder wie lange das Rennen eigentlich dauern wird."

Arpad grinste. „Dann werden wir eben improvisieren.

Wir müssen zusammenbleiben. Nur so können wir uns gegenseitig warnen, wenn wir etwas entdecken. Aber ich denke, unsere Pferde und wir werden das schon schaukeln."

Zaz hörte dieser letzten Besprechung zu, während sie liebevoll Monsuns Mähne entwirrte. Die vielen kleinen Zweige und Blätter, die noch vor zwei Wochen in den verfilzten Strähnen gesteckt hatten, waren jetzt alle verschwunden. Zaz griff nach einigen der langen Haare und flocht einen Zopf, an dessen Ende sie eine weiße Feder befestigte, die sie am Morgen im Wald gefunden hatte. Monsun schien es zu genießen, dass Zaz sich mit ihr beschäftigte. Sie schnaubte zufrieden.

Erst als sie fertig war, drehte sie sich zu den anderen um. „Wie immer das morgen ausgeht: Danke, dass ihr mir das Reiten beigebracht habt. Ich hätte nie gedacht, dass ich das hier mal machen würde. Und auch noch so viel Spaß dabei hätte."

„Du hast bewiesen, dass man mit dem richtigen Gefühl auch in kurzer Zeit reiten lernen kann – und das auf unserem wildesten Pferd. Wir danken dir." Arpad stand auf. „Was immer auch passiert, wir wissen:

Hufbeinbruch und Kreuzverschlag,
wir sind frei an jedem Tag.
Die Horde reitet wie der Wind,
weil wir wilde Geister sind.“

Alle legten ihre Hände aufeinander und sahen sich in die Augen, während sie ihren Hordenschwur sprachen.
Zaz legte ihre Hand zögernd auf die anderen. Sie hatte diesen Spruch nur einmal gehört. Und da hatte keiner die Hände aufeinandergelegt. Aber es fühlte sich an, als ob sie wirklich dazugehörte. Und das war sehr richtig.
Ohne weitere Worte trennten sie sich.
Sie kannten den Treffpunkt und die Uhrzeit am nächsten Morgen, und sie wussten, worum es gehen würde. Was sollten sie da noch groß reden?
Nachdenklich ritt Zaz zurück nach Donneracker. Vor ihr lagen noch fast vier Wochen Sommerferien hier im Wald. Aber niemand konnte wissen, wie es weitergehen würde. Schon morgen konnte alles vorbei sein. Zu ihrer Überraschung spürte sie eine große Traurigkeit in sich. Sie hatte sich an die anderen gewöhnt, sogar an die überhebliche Ann-Sophie. Sie fühlte eine unendlich große

Zuneigung zu Monsun. Und der Gedanke, dass all das schon bald vorbei sein sollte, schmerzte.

Schon von Weitem erkannte sie das Auto ihrer Mutter. Es war Freitagabend, und Zaz fuhr der Schreck in die Knochen. Unwillkürlich presste sie ihre Beine zusammen, und Monsun fing an zu tänzeln. Was, wenn ihre Mutter wieder ein Mutter-Tochter-Wochenende geplant hatte? Am nächsten Tag musste sie um zehn am vereinbarten Treffpunkt bei der Bikerburg sein. Sonst war das Rennen verloren, bevor es überhaupt angefangen hatte. Warum musste ihre Mutter ausgerechnet jetzt ein so schlechtes Gewissen bekommen, dass sie plötzlich ständig nach ihrer Tochter sah? Das hatte sie noch nie gemacht.
Mühsam hielt Zaz sich im Zaum. Aber die tänzelnde Monsun unter ihr verriet, wie es in ihrem Inneren aussah. Vor der Terrasse ließ sie sich von der aufgeregten Stute gleiten, streichelte ihr noch einmal über den Hals und ging dann zu ihrer Mutter, die mit Tine an einem der Tische saß.
„Hi! Was für eine Überraschung!“, sagte sie.
Ihre Mutter lächelte sie an. „Susannemaus! Du bist von

deinem Ausritt zurück! Und wie gut du reiten gelernt hast in der kurzen Zeit!“ Sie musterte Monsun, die inzwischen neben der Terrasse ein paar Halme von der Wiese zupfte. „Das ist auch ein wirklich schönes Pferd. Hat er einen Namen?“ Sie sah den alten Samthelm an, den Zaz in der Hand hielt. „Passt der neue Helm nicht? Oder warum trägst du dieses alte Ding?“

„Es ist bequemer“, erklärte Zaz hastig. „Und es ist doch nur wichtig, dass ich einen Helm trage, nicht, wie er aussieht. Außerdem ist es eine Sie, und sie heißt Monsun.“

„Jaja. Da hast du natürlich recht.“ Ihre Mutter war irgendwie nicht richtig bei der Sache, das merkte Zaz sofort.

„Störe ich?“ Sie sah Mum fragend an.

„Tine und ich müssen noch etwas Geschäftliches besprechen. Aber du kannst mir gleich beim Abendessen alles erzählen, was hier in den letzten Tagen passiert ist.“ Mum sah sie von oben bis unten an. „Du willst ja sicher erst einmal duschen, oder? Wir sehen uns dann nachher.“

Zaz nickte. „Sicher, ich komme dann runter!“ Sie winkte und machte sich auf den Weg in ihr Zimmer. Die Sache mit dem Duschen war nicht verkehrt, schließlich war sie seit dem frühen Morgen mit Monsun unterwegs gewesen.

Noch ein letztes Mal waren sie an den scheppernden Lautsprechern vorbeigeritten, waren über niedrige Hindernisse gesprungen und hatten geübt, möglichst schnell in Schlangenlinien zu reiten. Zaz war einige Male ins Rutschen gekommen, aber sie hatte mit den anderen mithalten können. Jetzt war sie völlig verschwitzt, eine dünne Staubschicht lag auf ihrer Haut, in den Haaren und auf allem, was sie trug.

Es dauerte eine Weile, bis sie mit noch feuchten Haaren, in einer Cargohose und einem weißen T-Shirt wieder auf der Terrasse auftauchte. Ihre Mutter saß alleine am Tisch, sah konzentriert auf den Laptop und gab immer wieder Zahlen in eine Exceltabelle ein. Sie arbeitete. Wie immer. Oder zumindest meistens.

„Was gibt's, Mum?" Zaz setzte sich dazu. „Was hat dich denn heute hier in die Pampa getrieben?"

„Ich wollte dich natürlich sehen!" Ihre Mutter schob seufzend den Laptop zur Seite und sah sie an. „Aber es gibt ein Problem. Donneracker ist pleite. Und deine Großmutter will einfach nicht wahrhaben, dass es hier nicht mehr lange gut geht. Sie hofft auf ein Wunder, und bis das eintrifft, will sie lieber nichts ändern. Das geht aber nicht." Sie schüttelte den Kopf und sah zur Küche. „Dieser Schuppen muss verkauft werden. Mitsamt dem Wald. Von dem Erlös könnte Tine problemlos alle Schulden bezahlen und bis ans Ende ihrer Tage ein sorgloses Leben führen. Aber das will sie einfach nicht sehen. Sie weigert sich, die Realität anzuerkennen. Dabei gibt es ein ordentliches Angebot von der Bank. Wenn sie nur bereit wäre zu verkaufen."

Fassungslos sah Zaz ihre Mutter an. „Aber Tine hat recht. Das hier ist ein wunderbarer Ort. Vielleicht ist die Pension ein bisschen altmodisch und muss renoviert werden. Aber kennst du einen schöneren Platz?"

Ihre Mutter sah sich auf der Terrasse um und musterte einige der betagten Hotelgäste, die die letzten Sonnenstrahlen des Tages genossen und auf ihr Abendessen warteten.

„Ja. Ich kenne schönere Plätze und bessere Hotels und bin nicht der Meinung, dass man das hier erhalten muss. Hier gibt es nichts, was einen Besucher oder einen Investor anziehen würde. Tine kann von Glück reden, dass die Bank dafür ordentlich Geld zahlen will." Sie sah ihre Tochter nachdenklich an. „Und wenn ich mich richtig erinnere, dann hast du vor zwei Wochen noch sehr ähnlich geklungen. Warst du nicht das Mädchen, das sich mit Händen und Füßen gegen diese Sommerferien gewehrt hat? Und jetzt soll das hier das Paradies sein? Was ist denn passiert?"

„Klar, hier ist nichts los. Aber du hast keine Ahnung, wie schön es im Wald ist. Wie friedlich." Gut, dass ihre Mutter nicht sehen konnte, dass sie bei diesen Worten an Biker mit Rückenschutz, lärmenden Lautsprechern und fiesen Betonklötzen dachte. „Hier kann ich mich viel besser konzentrieren. Und dann die Pferde. Die leben doch hier im Wald!"

Ihre Mutter schüttelte den Kopf. „Pferde. Das war doch nur so eine verrückte Idee von meinem Schwiegervater. Die kann man verkaufen. Hoffentlich. Auf jeden Fall kann Tine diesen Wald nicht bloß deswegen behalten, weil die Pferde da so schön leben."

Jetzt war Zaz richtig fassungslos. „Das kann nicht euer Ernst sein! Das könnt ihr doch nicht machen!"

Ihre Mutter seufzte nur. „Ach, Zaz", murmelte sie.

Schweigend saßen sie nebeneinander, während Tine ihnen ihre Teller brachte.
Zaz aß bedrückt ihren Salat. Ihre Gedanken rasten. Das hier war eine sehr viel größere Bedrohung als die Biker. Wenn ihre Mutter das durchsetzte, dann konnte es sein, dass Donneracker im Herbst nur noch Geschichte war, egal ob da Biker oder Reiter das Sagen hatten.
Verzweifelt sah sie zum Waldrand. Niemand war zu sehen. Monsun hatte sich schon vor einiger Zeit auf den Weg zum Rest ihrer Herde gemacht – und auch die anderen Reiter saßen jetzt sicher beim Abendbrot mit ihren Eltern.
„Und wie bald soll das passieren?", fragte sie schließlich betont sachlich.
Ein Schulterzucken war die Antwort. „Keine Ahnung. So schnell es eben geht." Dann wechselte Mum das Thema. „Wie kommst du denn mit deinem College zurecht? Macht es Spaß? Die Kritiken von diesem Programm waren ja geradezu euphorisch!"
„Euphorisch? Das würde ich jetzt nicht sagen. Aber es klappt ganz gut. Hast du noch nicht reingesehen?" Zaz deutete mit ihrer Gabel, auf der noch ein Stück Gurke

steckte, auf den Laptop. „Ich dachte, du siehst jeden Tag nach meinen Ergebnissen? Die Elternkontrolle gehört doch zu den coolen Tools von dem Programm."
„Ich verspreche dir: Heute Abend noch werde ich mal reinsehen", sagte ihre Mutter.
„Ja. Solltest du. Ich mache das ja nicht zum Spaß." Zaz trank ihr Wasser leer und stand dann auf. „Ich werde dann mal schlafen gehen. Bin heute früh aufgestanden."
Ihre Mutter nickte „In Ordnung, Susannemaus. Schlaf gut. Wir sehen uns beim Frühstück!"

Auf dem Weg in ihr Zimmer sah Zaz Tine in der Küche stehen. Sie lehnte an der Wand und hatte die Augen geschlossen. Mit einem Mal sah sie alt und müde aus. Vielleicht war die Verantwortung für Donneracker ja wirklich zu viel für sie? Oder hatte die Drohung von Mum dafür gesorgt, dass Tines Gesicht so grau und eingefallen aussah?
Kurz entschlossen ging Zaz in die Küche und nahm Tine in den Arm. „Wie schlimm ist es denn?", fragte sie mitfühlend.
„Ich weiß es nicht", erklärte Tine ernst. „Ich würde dir

die Wahrheit sagen, aber dieses Mal bin ich wirklich ratlos. Deine Mutter malt die Zukunft von Donneracker in den düstersten Farben und sagt, dass ich die Realität nicht sehen will. Aber das ist nicht wahr. Ich gehe nur nicht immer vom Schlimmsten aus. Das ist doch nicht verkehrt, oder?“

„Ich finde das prima.“ Zaz sah Tine an. „Kann ich irgendetwas tun?“

„Ich fürchte, dass man deine Mutter nicht mehr umstimmen kann. Wenn man es irgendwie schaffen würde, dass sie die guten Seiten von Donneracker sieht, dann würde sie vielleicht nicht so sehr darauf beharren, dass es verkauft werden muss. Aber sie ist der Meinung, dass es keine Zukunft mehr gibt.“ Tine zuckte müde mit den Achseln. „Aber das soll dein Problem nicht sein, Kindchen. Schließlich gehört Donneracker immer noch mir, da kann deine Mutter machen, was sie will. Geh jetzt ins Bett.“

Zögernd ließ Zaz ihre Großmutter alleine in der Küche stehen. Sie hatte sich in kurzer Zeit so sehr an diesen Ort gewöhnt, dass sie sich ein Leben ohne ihn nicht mehr vorstellen konnte.

In ihrem Zimmer saß sie noch lange am Fenster und starrte in den dunklen Wald. Morgen ging es um die Vorherrschaft im Wald, um den Schäferkarren und die Ehre. Aber war das wirklich wichtig, wenn Wald und Hof vielleicht schon bald verkauft wurden?

Im leichten Nebel, der aus den Wiesen aufstieg, konnte sie erkennen, dass Monsun aus dem Wald heraustrat und aufmerksam zu ihrem Fenster hinaufsah. Schnell schlüpfte Zaz noch einmal in eine Jogginghose und ein Kapuzenshirt und rannte hinunter. Das taunasse Gras schlug an ihre nackten Füße. Monsun sah ihr erst entgegen, trabte dann und fiel schließlich in einen Galopp, den sie erst direkt vor Zaz abbremste. Mit gesenktem Kopf blies sie Zaz ins Gesicht. So als ob sie eine Freundin begrüßen wollte. Und Zaz legte ihren Kopf gegen Monsuns Hals und schloss die Augen. Sie hörte die Geräusche der Nachtvögel im Wald, den Wind in den Blättern und das sanfte Atmen der Stute. Es roch nach Erde und nach dem wunderbar warmen Geruch eines Pferdes. Und Zaz wünschte sich, dass dieser Augenblick niemals aufhören würde.

Sie hatte keine Ahnung, wie lange sie so standen.

Irgendwann wurde sie müde. „Morgen musst du mit mir kämpfen", murmelte sie. „Morgen müssen wir deinen Wald verteidigen."

Dann drehte sie sich um, lief zurück zum Haus, ging in ihr Zimmer und legte sich schlafen.

Das Rennen

Ty, Nala und drei weitere Biker hatten ihre Helme tief ins Gesicht gezogen. Rückenpanzer, Schienbeinschoner und die schwarze Kleidung sorgten dafür, dass sie gefährlich aussahen. Und sie sahen alle gleich aus.

Zaz erkannte die Lautsprecher, die an den Bikes hingen, und musste leicht grinsen. Sie hatten es geahnt, und sie hatten es trainiert. Dieses Mal würden ihre Pferde nicht in blinder Panik davonlaufen, dieses Mal nicht. Aber was mochten diese Biker noch vorbereitet haben? Um sich zu beruhigen, streichelte Zaz über Monsuns warmen Hals. Sie spürte, wie jeder einzelne Muskel unter dem glänzenden Fell gespannt war. Ihr Blick glitt über die anderen Reiter. Alle saßen aufrecht auf ihren Pferden.

Arpad sah entschlossen nach vorne. „Also, wo ist der Start? Woran erkennen wir die Rennstrecke? Gibt es etwas, was wir noch wissen müssen?" Seine Stimme klang selbstsicher und laut.

Ty hob einen Arm. „Ihr folgt uns zum Start. Die Strecke haben wir mit Bändern markiert, ihr werdet sie bestimmt finden. Die Regeln sind klar: Es muss mindestens einer über das Hindernis, während die anderen die Alternative nehmen. Oder auch das Hindernis. Am Schluss zählt der Erste, der über die Ziellinie geht – wenn dann auch alle anderen seiner Mannschaft ankommen. Das sind alle Regeln." Er lächelte höhnisch. „Alles ist erlaubt. Aber glaubt nicht, dass ihr uns austricksen könnt. An jedem Hindernis wird einer von uns genau hinsehen."

Es klang wie eine Drohung. Und das sollte es wohl auch sein. Zaz schluckte. Was meinte er damit?

Die Biker setzten sich in Bewegung, die Reiter ritten hinter ihnen her. Sie würden schnell genug herausfinden, was Ty mit seinem letzten Satz gemeint hatte.

Zaz griff nach dem roten Bandana, das sie sich unter dem alten Helm wieder in die Haare geknotet hatte. Nervös zog sie den Knoten etwas fester.

Schon nach wenigen Hundert Metern erreichten sie eine Lichtung, wo die anderen bereits auf sie warteten. Dort stand auch der Schäferkarren.

Schwarz angemalt!

Mit gekreuzten Knochen daraufgepinselt!

Das war Tys Zeichen!

Zaz ballte die Faust. Die Biker hatten den liebevoll gepflegten Karren also nicht nur geklaut, sondern auch noch verschandelt.

„Was ist denn?", fragte Fee in diesem Augenblick. „Ihr hört euch an, als hättet ihr da etwas entdeckt?"

Arpad zischte zwischen halb geschlossenen Zähnen: „Sie haben unseren Karren angemalt. Hoffentlich ist er wenigstens innen noch in Ordnung."

„Eine andere Farbe ist mir irgendwie egal", meinte Fee und grinste.

Sie lachten. Aber es klang angespannt.

Ty deutete auf zwei Pfosten, die in den Boden geschlagen waren.

„Das hier ist Start und Ziel. Für den Start stellen wir uns in einer Reihe auf. Kommt!"

Während er sich mit seinen Freunden in einer Reihe in

Position brachte, schalteten sie ihre Lautsprecher an. Es schepperte über die Wiese. Ein schneller Beat mit laut brüllendem Sänger und quietschenden Gitarren. Es klang schrecklich, nicht nur für Pferdeohren.

Klar, die Biker hofften, dass die Pferde so nicht einmal in die Nähe der Startlinie kommen würden. Dann könnten sie sich einen ordentlichen Vorsprung sichern. Aber die fünf Pferde gingen langsam zum Start. Allen voran Herr Müller, den vom ersten Tag an der Lärm am wenigsten gestört hatte.

Arpad sah Zaz einen Augenblick lang an und nickte anerkennend. Er flüsterte: *„Hufbeinbruch und Kreuzverschlag …"*

Sie hatte den Trick der Biker richtig vorhergesehen. Doch noch bevor sie sich freuen konnte, standen sie auch schon in einer Reihe.

„Auf die Plätze, fertig, los!", brüllte Ty.

Fast gleichzeitig trommelten die zwanzig Hufe auf den Wiesenboden. Zaz musste sich festhalten, so schnell schoss Monsun los. Sie sah zur Seite. Feuertanz, Luna und Kronos rannten so eng nebeneinander, als wären sie ein Pferd. Herr Müller gab sein Bestes, aber er konnte nicht

mithalten. Und die Biker lagen hinter ihnen. Sie brachten ihre Räder nicht so schnell auf Touren wie die Pferde.
Ein rotes Band zeigte, wo es in den Wald hineinging. Ein schmaler Pfad lag dahinter – und quer über den Pfad waren große schwarze Tücher gespannt. Alle Pferde stockten, rissen die Köpfe nach oben und suchten einen Ausweg. Bis auf Arpad und Feuertanz. Der rannte unter den flatternden Tüchern dahin, als wäre da nichts.
Zaz presste die Beine zusammen und folgte ihm. Tatsächlich waren die Biker bei dem kurzen Zögern an ihnen vorbeigefahren. Eines war schon jetzt klar: Die Biker setzten auf die Schreckhaftigkeit der Pferde.
Nach den flatternden Tüchern holten sie wieder auf. Bis sich vor ihnen Plastikplanen auf dem Boden zeigten. Feuertanz schien sich über die Geräusche unter seinen Hufen nicht zu wundern. Aber Kronos, Monsun und Luna standen mit geblähten Nüstern davor und scheuten.
Zaz streichelte Monsun. „Komm, ich bitte dich. Du schaffst das. Mach es für mich!"
Lukas und sein Müller tauchten auf. Für ihn und sein furchtloses Kaltblut war die Plane auch kein Problem.

„Nehmt den Umweg! Ihr vertut nur wertvolle Zeit, wenn ihr versucht darüberzukommen!“, rief er, während er schon auf der anderen Seite wieder im Wald verschwand. Die drei anderen warfen ihre Pferde herum und nahmen den einzig möglichen Umweg. Zaz hatte das Gefühl, als ob sie eine Ewigkeit brauchten, bis sie endlich Lukas folgen konnten.

Es wurde Zeit, dass sie ein wenig aufholten.

Schon nach einer kurzen Galoppstrecke erreichten sie die Betonblöcke. Ann-Sophie sah die Quader finster an. Vier Stück hintereinander, jeweils mit einem Spalt von 25 Zentimetern dazwischen. Im Augenblick war der letzte der Biker dabei, von einem Block zum nächsten zu springen. Die Schlange auf dem Rahmen des Bikes verriet Zaz, dass es Nala war. Gleich würde sie zum Sprung auf den letzten Betonblock ansetzen. Ihr Gesicht verriet die volle Konzentration.

„Nala!“, rief Zaz in der Sekunde, in der das Mädchen zum Sprung ansetzte.

Nala sah auf – und in dieser Sekunde rutschte ihr Bike ab, landete in dem Spalt und verkantete sich. Nalas Bein war darunter eingeklemmt.

„Verdammt!“, brüllte sie und winkte einen der anderen zu Hilfe. „Befreit mich von dem Ding! Ich brauche ein Neues!“

Gleich zwei ihrer Freunde rannten herbei. Sie zerrten an dem Bike und ihrem Bein, bis Nala sie mit einem Fluch zur Seite stieß. „Ihr seid zu blöd! Zieht mich heraus, das geht seitlich. Sollen doch die Reiter schauen, wie sie mit dem verklemmten Bike klarkommen.“

Einer ihrer Helfer lachte dreckig. „Ja, super Idee!“

Sie zogen Nala heraus. An ihrem Knie rann Blut hinunter. Auf einem Bein hüpfte sie über den Weg, nahm ein anderes Fahrrad und fuhr los. Zaz konnte sehen, dass sie unter ihrem Helm blass war. Wahrscheinlich tat ihr das Bein ordentlich weh. Zaz biss sich auf die Lippen. Sie hatte niemandem wehtun wollen, sie wollte Nala mit ihrer Ruferei doch nur ein wenig aus dem Takt bringen. Aber jetzt war sie schuld daran, dass Nala sich verletzt hatte.

Ann-Sophie starrte das Hindernis weiterhin finster an. Als wären die Betonblöcke allesamt Raubtiere, die ihr nach dem Leben trachteten. Dann wendete sie, ließ Kronos angaloppieren, auf den ersten Block springen – um dann im Trab locker von Block zu Block zu schweben.

Es sah hinreißend aus, wie eine gut eingeübte Zirkusnummer. Zaz sah fasziniert zu. Nur das herausstehende Rad von Nala berührte Kronos leicht, bevor er elegant wieder heruntersprang.
Wie erleichtert Ann-Sophie war, konnte man nur daran erkennen, wie überschwänglich sie ihr Pferd lobte.
Der Beobachter der Biker, der direkt neben den Quadern stand, sah dem Schauspiel finster zu. Offensichtlich hatten die Biker sich mehr von diesem Hindernis erhofft.
Zaz folgte den anderen wieder über den Umweg, der dieses Mal noch erheblich länger ausfiel. Als sie auf der anderen Seite der Betonklötze auftauchten, war niemand mehr zu sehen.
Im schnellen Galopp machten sie sich auf den Weg, der sich in engen Kurven durch den Wald schlängelte. Bei dem Tempo, in dem sie galoppierten, fiel es Zaz schwer, das Gleichgewicht zu halten. Sie krallte sich in Monsuns Mähne.
Nach einigen Minuten der wilden Jagd tauchten die Biker wieder vor ihnen auf. Zaz erkannte Ty, der allen anderen vorausjagte. Direkt neben ihm galoppierte der

langbeinige Kronos mit Ann-Sophie, etwas hinter ihnen war Feuertanz. Arpad verschwand fast in der langen Mähne seines Pferdes. Die beiden sahen aus wie eines dieser *Harry Potter*-Wesen, halb Mensch, halb Pferd. Unglaublich.

Das Rennen war noch lange nicht entschieden.

Ty stand in den Pedalen und trat mit aller Kraft, aber lange würde er das Tempo der Reiter nicht mithalten können. Was hatte er nur vor?

Auf einen Schlag erinnerte sich Zaz an den Weg. Ty war hier schon einmal mit ihr gewesen. Sie drückte Monsun die Fersen in die Seiten, um sie noch schneller zu machen. Sie musste unbedingt Ann-Sophie einholen und sie warnen!

Mit gewaltigen Sätzen näherte Monsun sich den Führenden. „Achtung!", brüllte Zaz. „Es wird gleich verflucht niedrig! Zu niedrig für unsere Pferde!"

Das hier war der Weg mit den tief hängenden Ästen gewesen. Hier war sie nur mit Mühe mit dem Bike durchgeschlüpft. Auf den Pferden saßen sie sehr viel höher, wie sollten sie hier weiterkommen?

Sie war sich nicht sicher, ob Ann-Sophie und Arpad sie

gehört hatten, aber es schien ihr, als würden sie etwas langsamer werden. Noch einige Galoppsprünge, dann blieben die Pferde stehen. Sie mussten die Biker davonziehen lassen: Die Äste der Bäume waren zu niedrig.

Ratlos sah Arpad ihnen hinterher.

„Hat jemand eine Idee? Schnell!“

In Zaz' Kopf überschlugen sich die Gedanken. Sie verfluchte sich, weil sie bei diesem Ausflug mit Ty nicht besser aufgepasst hatte. Und weil sie nicht mehr an diesen Weg gedacht hatte. Sie spürte fast noch die Äste von damals in ihrem Rücken. Kräftig, aber nicht starr waren sie gewesen.

Nicht starr.

Die Äste waren beweglich!

„Das sind keine festen Äste!“, rief sie aufgeregt. „So dick sind die nicht. Wenn Müller vorausgeht und sie mit seiner Brust zur Seite drückt – dann können die anderen folgen. Es wird Kratzer geben, aber es müsste gehen.“

Zweifelnd sah Arpad sie an, aber Lukas lenkte schon seinen kräftigen Müller nach vorne. „Sehen wir mal, ob das funktioniert“, murmelte er, als er sein Kaltblut antrieb. Müller schüttelte unwirsch die Mähne, fing dann aber an, sich wie ein Schneepflug durch die tief hängenden Äste der Bäume und das von der Seite hineinwachsende Gebüsch zu bahnen. Die anderen Pferde blieben direkt hinter ihm, sodass die Äste nicht wieder zusammenschlagen konnten. Sie setzten nur langsam einen Schritt vor den anderen. Aber sie kamen voran. Einige Male blieb Müller stehen und wollte zurückweichen. Lukas redete ihm gut zu: „Das schaffst du, Großer!" Und dann stapfte Müller weiter, wie ein Dampfer im Meer aus Ästen und Zweigen.

Irgendwann schlugen die letzten Zweige hinter ihnen zusammen. Von den Bikern war nichts mehr zu sehen. Nur noch ein einsamer Biker, der Wache hielt, sah sie kommen. Er wirkte überrascht. Er hatte wohl nicht mehr mit ihnen gerechnet.

Die Reiter fielen in einen schnellen Galopp. Und schon nach einigen Minuten, die sie sich über verschlungene Pfade den Weg bahnten, hörten sie vor sich ärgerliche Rufe. Einer der Biker rief nach einem Ersatzrad.

„Meins ist platt! Schnell, holt mir ein neues!"

Zaz grinste. Ihre nächtliche Aktion mit Fee hatte also Erfolg gehabt. Auch Fee lächelte.

Die nächste Kurve führte sie zu dem Weg mit den Löchern, den sie vor ein paar Tagen entdeckt hatte. Gestern war sie auf dem Weg zurück nach Donneracker hier vorbeigeritten und hatte eine kleine Überraschung für die Biker aufgebaut.

Im Abstand von jeweils einigen Metern versperrten jetzt umgelegte Äste und schlanke Baumstämme den Weg. Jeder war etwa einen halben Meter hoch. Jedes einzelne der Hindernisse hatte Zaz mit Monsun durch den Wald hierhergeschleppt.

Die Biker mussten bei jedem Ast ihr Bike querstellen und mühsam darüberspringen. Was nicht immer auf Anhieb gelang, wie Zaz zufrieden feststellte. Für die Horde war das kein Problem. Sie galoppierten einfach darüber. Die Pferde sprangen allesamt rhythmisch und schnell über die Stangen. So einfach, als wären sie auf Ann-Sophies Übungswiese.

Entspannt lehnte Zaz sich nach vorne. In diesem Augenblick waren sie alle gemeinsam unterwegs. Die Biker sahen schwerfällig und ungelenk aus, während die Pferde zeigten, was sie konnten.

Der schnellste der Biker war Ty, der verbissen sein Rad

über die letzten Stämme zwang. Arpad zog an ihm vorbei, schnitt eine Grimasse und rief: „Alles ist erlaubt!"
Wütend sah Ty auf. Er sprang von seinem Rad und warf es den Reitern in den Weg. Zaz sah, wie Monsuns schmale Hufe genau zwischen den Speichen landeten – und nur Sekundenbruchteile später flog sie in hohem Bogen mitsamt ihrem Pferd durch die Luft. Monsun schlug schwer neben ihr auf, während sie auf dem Waldboden lag und nach Luft rang.
Sie musste aufstehen.
Sofort.
Aber ihre Beine gehorchten nicht. Sie bekam keine Luft. Der Himmel über ihr drehte sich, ihr wurde schwarz vor Augen.
Heißer Atem im Gesicht weckte sie wieder. Monsun stand neben ihr und pustete sie an, die anderen Reiter waren nur wenige Meter entfernt. Und die Biker überwanden in diesem Augenblick die letzten Hindernisse. Sie war wohl nur wenige Sekunden ohnmächtig gewesen.
Zaz winkte. „Reitet weiter. Ich komme gleich. Weiter."
Ihre Stimme krächzte merkwürdig.

Sie hörte, wie der Rest der Horde davongaloppierte, und setzte sich vorsichtig auf. Die Erde fing wieder an, sich zu drehen. Benommen schloss sie die Augen.

Erneut pustete Monsun sie an.

Zaz griff in die Mähne der Stute und zog sich mühsam auf die Beine.

„Die kommt nie ins Ziel." Eine Stimme aus dem Pulk der Biker. Ohne viel Mitgefühl.

Zaz spürte, wie ihr die Tränen in die Augen stiegen. Das konnte doch nicht sein. Dass sie ausgerechnet in dem Hindernis, dass sie selbst aufgebaut hatte, gestürzt war! Zum Glück hatte Monsun sich nicht wehgetan. Sie stand neben ihr, stützte sie und schien nur darauf zu warten, dass sie sich wieder auf ihren Rücken schwang.

„Jetzt musst du mir helfen", murmelte Zaz leise. Mühsam zog sie sich auf den Rücken des Pferdes und setzte sich auf. „Komm, wir müssen weiter."

Monsun machte ein paar vorsichtige Schritte.

„Nein, jetzt haben wir keine Zeit, vorsichtig zu sein." Zaz drückte ihre Fersen fest an Monsuns Bauch. „Jetzt müssen wir uns mächtig beeilen, um die anderen einzuholen. Los!"

Gehorsam fiel Monsun in einen schnellen Galopp. Zum Glück lag ein Weg ohne weitere Hindernisse vor ihnen. Zaz schloss wieder die Augen. Den Weg hinter den anderen her fand die Stute auch alleine. Und mit offenen Augen wurde ihr nur schwindlig. Gut, dass sie die alte Kappe trug, sonst hätte das übel ausgehen können. Sie spürte, wie Monsun sich schnaubend unter ihr streckte, und schon nach kurzer Zeit hörte sie an dem Geschrei, dass sie die anderen wieder eingeholt hatte.

Vorsichtig öffnete sie die Augen.

Sie waren am Parcours der Biker angelangt. Sie konnte sehen, dass Radfahrer und Reiter allesamt an dem Hügel standen.

Ty zeigte, dass er lang genug geübt hatte: Er fuhr auf der Seite mit dem festen Untergrund nach oben und ließ auf der anderen Seite sein geliehenes Bike durch die weiche Erde nach unten rutschen. Erdklumpen flogen durch die Luft.

Zaz spürte, wie die Wut in ihr aufstieg. Er hatte Monsun sein Bike zwischen die Beine geworfen. Er hatte riskiert, dass sie oder ihr Pferd sich ernsthaft verletzten. Nein, schlimmer: Er hatte gehofft, dass ihr etwas passierte.

Ohne weiter nachzudenken, galoppierte sie mit Monsun an. Sie jagte den Hügel nach oben, lenkte an die Kante und bat Monsun, auf der anderen Seite wieder abzurutschen. Sie schloss die Augen. Von hier oben waren es vier oder fünf Meter nach unten. Die Erdwand stand fast senkrecht. Wie sollte man hier heil nach unten kommen? Ty war schon fast unten, als Monsun sich auf ihre Hinterbeine setzte und nach unten rutschen ließ. Auf halber Höhe entschied die Stute, dass sie mit einem gewaltigen Satz schneller nach unten kommen würde. Sie drückte sich ab und flog direkt über Tys Kopf hinweg nach unten. Monsun landete, stolperte kurz, fing sich wieder und galoppierte dann weiter.

Zaz krallte sich in die Mähne und kämpfte ums Gleichgewicht. Ein Blick nach hinten zeigte ihr, dass Ty gestürzt war. Das springende Pferd über seinem Kopf hatte ihn offensichtlich so erschreckt, dass er den Halt verloren hatte.

Egal.

Jetzt musste sie weitergaloppieren. Sie erkannte die Bänder, die den richtigen Weg anzeigten. Ein kurzer Weg führte auf die Wiese, auf der sie gestartet waren.

Zaz legte sich auf Monsuns Hals und lächelte.
„Jetzt lauf", flüsterte sie.
Die Stute legte die Ohren eng an und rannte so schnell wie noch nie. Es fühlte sich an, als würden sie fliegen. Zaz sah, wie die wartenden Biker an der Ziellinie aufhörten zu jubeln, als das Pferd über die Wiese gejagt kam. Ty und sein verdrecktes Bike waren weit abgeschlagen. Und direkt hinter ihm waren wieder nur Pferde zu erkennen. Sogar Müller bemühte sich zu seinem schnellsten Galopp.
Zaz und Monsun rasten über die Ziellinie.
Als Erste.
Gewonnen!
Monsun wurde langsamer, und Zaz ließ die Mähne aus ihren Fingern gleiten. Jetzt musste sie niemandem mehr etwas beweisen.
Mit einem dumpfen Schlag fiel sie auf den Boden. Dieses Mal blieb sie liegen. Das Gesicht am Boden, roch sie die Erde und sah einen winzigen Käfer, der versuchte, einen Grashalm zu erklettern.
Die Erde drehte sich, und sie hörte die Rufe der anderen wie durch Watte. Dann wurde es dunkel.

Der Sieg schmeckt nach Spaghetti

Jubel.

Das Erste, was sie hörte, als sie aufwachte, waren die begeisterten Schreie der wilden Horde.

„Hufbeinbruch und Kreuzverschlag,
wir sind frei an jedem Tag.
Die Horde reitet wie der Wind,
weil wir wilde Geister sind.“

Sie blinzelte.

Monsun stand direkt neben ihr, die weichen Nüstern strichen Zaz wieder über das Gesicht.

Eine Hand legte sich auf ihre Schulter.

„Wie geht es dir?“ Arpads Stimme. Er klang besorgt. Zaz blinzelte noch einmal und konnte ihn jetzt scharf sehen.
„Ich denke, ganz okay.“ Sie zog eine Grimasse. „Eine Kopfwehtablette wäre in Ordnung.“
„Das war richtig gut, was du da gemacht hast.“ Arpad sah sie ernst an. „Kannst du aufstehen? Komm, ich stütze dich.“
„Muss ich? Für den Augenblick liege ich hier echt gut.“ Sie schloss noch einmal die Augen.
„Doch, du musst. Wir müssen unseren Karren einfordern. Und dann sollen sie sich ein neues Revier suchen, diese Mistkerle.“ Seine Stimme klang immer noch wütend. „Ich kann nicht glauben, was sie getan haben. Sie haben ernsthaft versucht, dich zu verletzen.“
Zaz fasste sich an den Kopf. „Zum Glück ist Monsun nichts passiert.“
Arpad legte seinen Arm um sie und half ihr auf die Beine. Erst jetzt sah sie die Biker. Sie hatten ihre Helme abgenommen und starrten die Reiter wütend aus ihren mit Erde verschmierten Gesichtern an.
Arpad trat einen Schritt nach vorne. „Wir haben nach euren Regeln auf eurer Rennstrecke gewonnen. Ich schlage

vor, ihr zieht den Karren wieder an seine Stelle zurück und macht euch dann aus dem Wald von Donneracker davon. Vergesst nicht, eure Betonblöcke und die ganze Burg mitzunehmen. Sucht euch ein anderes Revier." Er sah in die Runde. „Wir wollen euch hier wirklich nie mehr sehen!"

Trotzig rieb sich Ty über das Gesicht. „Ihr habt gewonnen. Wir gehen. Ihr bleibt. Aber wie ihr den Karren bewegt, das ist euer Problem. Ich bin mir sicher, er steht auch hier auf der Wiese richtig gut. Wer weiß? Vielleicht stinkt er euch ja auch zu sehr."

Damit hob er die Hand, schwang sich auf sein Bike und fuhr langsam in Richtung seiner Burg. Die anderen schwarzen Gestalten folgten ihm ohne ein Wort. Jetzt war nichts mehr von ihrem ausgelassenen Gejohle zu hören.

„Lasst euch hier nicht mehr blicken!", brüllte Arpad.

Auf das Stichwort blieb Ty stehen und drehte sich noch einmal um.

„Wir gehen! Aber wenn Zaz' Oma dann endlich den Bankrott erklärt und der Wald der Bank meines Vaters gehört – dann verhandeln wir nicht mehr. Dann wird es keinen Hufabdruck mehr auf diesen Wegen geben! Das schwöre ich!"

Damit schüttelte er noch einmal die Faust, drehte sich endgültig um und verschwand mit seinen Freunden im Wald.

Es wurde still auf der Wiese.

Arpad sah seine Freunde an. „Ich denke, es wird Zeit für ein Fest, meint ihr nicht?"

„Ein bisschen Arbeit haben wir vorher noch." Lukas deutete auf den Schäferkarren. „Zuerst sollten wir unseren Karren wieder zurück an seinen Platz ziehen. Herr Müller erledigt das, wir brauchen nur ein Geschirr."

„Das ist im alten Schuppen von Donneracker. Ihr kennt die Sattelkammer bestimmt." Zaz zog eine Grimasse. „Aber ich möchte das Ding jetzt nicht mehr holen. Ich glaube, ich würde unterwegs vom Pferd fallen."

„Das kriege ich hin!" Ann-Sophie schwang sich auf ihren Kronos. „Bin gleich wieder da!"

Und damit verschwand sie auch schon über die Lichtung.

Erst jetzt fiel Zaz auf, dass Fee und Luna wie selbstverständlich das ganze Rennen mitgemacht hatten.

Sie drehte sich zu Fee. „Wie hast du das eigentlich geschafft? Wir haben wenigstens immer gesehen, was auf uns zukam. Aber du … Wie machst du das?“

Ein Schulterzucken war die Antwort. „Ich habe doch Lunas Augen. Das reicht. Sie passt auf mich auf, und heute musste sie euch ja nur folgen. Das klingt dramatischer, als es ist.“

Bald darauf kam Ann-Sophie mit dem Geschirr quer über Kronos' Rücken zurück. Zu Zaz' Überraschung ließ Müller sich die Ledergurte willig anlegen. Sie hatte ihn noch nie damit gesehen.

Dann stemmte das schwere Pferd sich in das Geschirr, und der Schäferkarren setzte sich knirschend in Bewegung.

„Wer braucht schon einen großen Bruder, wenn er einen Müller hat?“, grinste Lukas voller Stolz auf seinen starken Freund, der ohne Mühe mit dem Karren im Schlepptau durch den Wald stapfte.

Zaz ließ Monsun hinterherlaufen. Sie hatte die Augen geschlossen, damit sich die Erde nicht so schnell drehte. So lauschte sie dem aufgeregten Gerede der Horde. Immer wieder erzählten sie sich die unglaublichsten Momente des Rennens. Und immer wieder waren sie sich einig: „Wie du dann über diesen Ty drübergesprungen bist, das war wirklich der beste Moment. Schade, dass du sein Gesicht nicht sehen konntest. Das war einfach so abgefahren!"

Zaz lächelte nur. „Ich war selber überrascht ... Ich war eben einfach so wütend! Aber hoffentlich ist Nala nichts passiert. Das Mädchen, das sich am Bein verletzt hat ... Das wollte ich wirklich nicht."

Wenig später erreichten sie die Lichtung mit den Bäumen in der Mitte. Der Schäferkarren kam wieder an seinen ursprünglichen Stellplatz und wurde mit großen Steinen gesichert.

Arpad griff an die Türklinke. „Was denkt ihr? Haben sie wenigstens das Innere in Ruhe gelassen?"

„Da war ja sowieso nicht viel drin." Ann-Sophie lachte. „Was hätten sie davon gehabt, wenn sie ein paar Kissen versauen?"

Die Tür schwang auf, und eine übelriechende Wolke kam ihnen entgegen. Arpad machte erschrocken einen Schritt nach hinten. „Puh! Was ist das denn?"

„Verfaulte Bananenschalen, würde ich tippen."

Fees Stimme.

„Ich glaube, wir haben hier die Biker-Müllkippe der letzten 14 Tage."

„Nichts, was man nicht wieder reparieren könnte", erklärte Arpad. Er hielt sich die Nase zu, verschwand im Inneren des Karrens und kam einige Augenblicke später wieder heraus. „Das sind zwei, drei Säcke voller Müll. Die Kissen müssen in die Waschmaschine, wir brauchen ein bisschen Farbe – und der Karren ist wieder so gut wie neu. Nur unsere Feier fällt heute aus. Unsere Vorräte im Karren habe sie leider geleert, bevor sie den ganzen Müll hineingepackt haben."

„Dann kommt doch mit in die Pension." Zaz lächelte verlegen. „Ich wette, Tine kann uns etwas zum Abendessen machen. Vor allem, wenn sie erfährt, dass wir etwas zu feiern haben!"

„Gut! Auf nach Donneracker! Um den Müll kümmern wir uns morgen."

Sie ließen den Karren stehen und machten sich auf den Weg. Ganz gemütlich ließen sie ihre Pferde im Schritt gehen. Die gesenkten Köpfe und das müde Schnauben zeigten, dass alle fünf heute gekämpft hatten.

Als sie den Wald verließen und über die Wiese zur Terrasse der Pension ritten, sah Zaz ihre Mutter. Überrascht richtete sie sich auf und klopfte sich ein paar Dreckflecken vom T-Shirt. Hoffentlich sah man ihr den Sturz nicht zu sehr an.

„Hallo, Mum! Bist du jetzt jeden Tag hier!?"
Ihre Mutter lächelte, als sie sah, wie ihre Tochter mit ihren neuen Freunden von den Pferden stieg.
In diesem Augenblick kam Tine aus dem Haus. „Hallo! Ich dachte schon, ich würde euch gar nicht mehr zu Gesicht …" Ihre Stimme erstarb, als sie sah, wie dreckig und abgekämpft die Reiter aussahen. „Was habt ihr denn heute gemacht?"
Zaz lächelte müde und lehnte sich an Monsun. „Wir sind ein Rennen geritten. Ein Rennen um den Wald."
Tine schüttelte den Kopf. „Was solltet ihr euch um den Wald streiten? Er gehört zu Donneracker, nirgendwo sonst gehört er hin."
„Und dieser Ort muss ein ganz besonderer Platz sein." Zaz' Mutter lächelte. „Ich habe mir heute Nachmittag angesehen, wie Zaz mit ihrem College vorankommt. Ich

kann es immer noch nicht glauben. Du bist nicht nur gut, sondern richtig gut. Ich habe keine Ahnung, wie du das hier geschafft hast." Sie deutete auf ihren Laptop. „Und deswegen bin ich sofort hierhergefahren."

„Ich …", stammelte Zaz. Sie hatte sich in den letzten Tagen kein einziges Mal darum gekümmert, was Lukas da machte.

Ihre Mutter nickte. „Ich habe letzte Nacht nachgedacht. Ich glaube, so glücklich wie hier habe ich dich eine Ewigkeit nicht gesehen. Und dazu auch noch diese Leistungen im College. Vielleicht hat das ja auch mit diesem Hof hier zu tun."

Sie umarmte Zaz, die überrascht Lukas' Blick suchte. Der grinste, zuckte mit den Schultern und zwinkerte ihr zu.

„Wer hat Appetit auf einen Teller Spaghetti?", rief Tine. „Ich lade euch alle ein! Und für die Pferde habe ich einen Apfel. Für jedes einen!"

Sie musterte die Horde kurz und deutete dann auf einen Wasserhahn an der Wand. „Aber zuerst müsst ihr euch die Hände waschen. Und die Gesichter. Sonst rennen mir meine Pensionsgäste davon!"

Alle befolgten die Anweisung. Zaz nahm Fee an die Hand und führte sie erst zum Wasserhahn und später zum Tisch. Die Pferde fingen auf der Wiese an zu grasen. Zaz folgte ihrer Großmutter in die Küche.

„Tine?"

„Ja?" Ihre Oma sah sie fragend an, während sie das Wasser für die Nudeln aufsetzte.

„Hast du das eben mitbekommen? Mit dem College, meine ich?" Sie sah Tine fragend an.

„Klar. Offensichtlich bist du sehr viel besser, als deine Mutter gehofft hat. Und vor allem findet sie, dass du sehr viel glücklicher bist. Sie glaubt, es liegt an Donneracker. Also will sie mir helfen, Donneracker zu retten. Alles ist gut. Oder habe ich da was verpasst?"

Zaz zögerte. Tine sah so glücklich aus, das wollte sie nicht einfach zerstören. Dann zuckte sie mit den Achseln. „Ich habe das nicht gemacht. Ich bin nicht plötzlich eine tolle Schülerin, sondern eine tolle Betrügerin. Von diesem Programm habe ich keinen Strich gemacht. Das war die ganze Zeit Lukas. Er hat mir geholfen, damit ich genügend Zeit habe, um Reiten zu lernen und für dieses Rennen zu trainieren. Irgendwann wird

Mum merken, dass das mit mir nichts zu tun hat. Und dann?“

Tine seufzte und strich ihr über die Haare. „Kindchen, du hast recht. Irgendwann wird das auffliegen. Und dann wird deine Mum doppelt sauer sein.“

Sie dachte nach, während sie die Tomatensoße in der Pfanne umrührte. „Das Beste ist wohl: Ab morgen muss Lukas dir erklären, wie es geht und was er da gemacht hat. Damit du am Ende der Ferien wirklich fit bist. Meinst du, er macht das?“

Langsam nickte Zaz. „Ich denke schon. Die Sache mit dem Rennen ist ja vorbei, wir haben also genug Zeit.“

Tine nickte. „Dann wäre das geklärt.“ Sie schüttete die Nudeln erst in ein Sieb und dann in eine Schüssel, die sie Zaz in die Hand drückte. „Geh und bring deinen Freunden das Essen. Sie sehen so aus, als ob sie es nötig hätten.“

Zaz nickte und brachte die Nudeln auf die Terrasse. Nach dem Gespräch mit Tine war ihr leichter ums Herz. Vielleicht konnte sie ja wirklich den Stoff nachlernen.

Sie fingen an, Nudeln und Soße auf ihre Teller zu laden. Zaz sah die anderen der Reihe nach an. Waren das jetzt ihre Freunde?

Arpad hob seine Hand, um etwas zu sagen: „*Hufbeinbruch und Kreuzverschlag* – ich habe dir echt nicht zugetraut, dass du mit uns reiten kannst, Zaz. Vor allem in einem solchen Rennen. Aber jetzt bist du eine von uns. Eine von der Wilden Horde. Und ich hoffe, dass du uns auch nicht mehr verlässt!"

„Ihr werdet mich nicht mehr los!" Zaz lachte. „Mich nicht und Monsun sowieso nicht."

Ann-Sophie sah in die Runde. „Ich muss zugeben, dass sogar ich beeindruckt bin. Das hat Zaz echt gut hingekriegt. Aber sagt mal, wann kümmern wir uns um unseren Karren? Im Moment haben wir eine Müllkippe auf vier Rädern. Das wird ganz schön Arbeit, wenn wir den wieder benutzen wollen."

„Morgen gehen wir das an!" Zaz grinste die anderen an. „Der Müll wird nur immer noch mehr stinken, wenn die Sonne auf den Karren scheint. Und die Pferde haben sich nach dem Training der letzten Wochen auch eine Pause verdient."

„Okay, aber wir brauchen Farbe. Soll der Karren wieder rot werden?", fragte Arpad.

„Wir könnten ihn doch auch schwarz lassen", schlug

Zaz vor. „Wenn wir das Schwarz etwas ausbessern und die gekreuzten Knochen von Ty übermalen, dann würde das doch ganz gut zu unserer Wilden Horde passen. Wir müssen uns eben ein neues Zeichen einfallen lassen. Eins, das zu uns passt."

Ann-Sophie zuckte mit den Schultern. „Malen wir halt einen Pferdekopf oder ein Hufeisen drauf. Irgendwas wird uns schon einfallen. Auf jeden Fall ist die Idee gut, den Karren schwarz zu lassen. Das Rot sah sowieso immer zu sehr nach einem Ausflug nach Bullerbü aus."

„Gut, dann ist das also abgemacht." Lukas wischte mit einem Stück Brot sorgfältig den letzten Rest Soße von seinem Teller. „Wir treffen uns morgen Vormittag beim alten Karren. Wer bringt die Farbe mit?"

Tine, die in diesem Augenblick am Tisch der fünf vorbeilief, deutete in Richtung des alten Schuppens. „Wir haben da noch Farbreste. Schaut doch, ob ihr die verwenden könnt. Schwarz ist sicher da. Ein bisschen Rot oder Weiß auch, wenn ich mich richtig erinnere."

„Gut, also bis morgen!" Arpad stand auf und nickte Tine zu. „Vielen Dank für das Essen! Das war wirklich lecker!" Sie winkten sich zum Abschied zu, schlenderten zu ihren

Pferden und verschwanden gemütlich über die Wiese in den Wald. Zaz sah ihnen hinterher. Sie freute sich. Auf den nächsten Tag und den Rest ihrer Ferien.

Als sie sich umdrehte, sah sie, dass Tine und ihre Mutter wieder in ein Gespräch vertieft waren. Sie deuteten auf den Computer, redeten über Zahlen – aber heute sah es so aus, als würden sie einen Plan für die Zukunft haben. Und nicht einfach alles beenden.

Beruhigt machte Zaz sich in Richtung Dusche auf. Sie wollte endlich den Dreck abwaschen. Ihr Kopf brummte immer noch, da konnte eine Nacht Schlaf nur helfen – und morgen wollte sie unbedingt wieder fit sein, wenn sie gemeinsam den Karren renovieren würden.

Und mit Lukas musste sie unbedingt noch einen Plan machen, wie sie in den nächsten Wochen zu einer besseren Schülerin werden konnte. Nachhilfe bei Lukas klang wirklich nicht wie das Schlimmste, was einem passieren konnte.

Das Zeichen der Horde

Fee saß mit dem Rücken an einen Baum gelehnt, hielt ihr Gesicht in die warmen Sonnenstrahlen und grinste. „Es tut mir total leid, aber heute kann ich euch nicht helfen. Ihr habt aber meine volle moralische Unterstützung!“

„Quatsch. Du kannst das Innere schon mal leer räumen!“ Arpad reichte ihr Handschuhe. „Einfach alles, was stinkt, in den Müllsack räumen. So leicht kommst du uns nicht davon!“

Die anderen lachten, während Fee seufzend im Inneren des Karrens verschwand und die Säcke mit dem Müll der Biker füllte. Immerhin standen jetzt Türe und Fenster offen. Sie schleppte drei Säcke hinaus, während die anderen den Karren bemalten. Die Pferde standen neugierig in der Nähe des Karrens und schienen jede der Bewegungen ihrer Menschen zu beobachten.

Sorgfältig überpinselte Zaz die weißen Knochen, die Ty auf die Wand geschmiert hatte. Ann-Sophie und Lukas besserten die Stellen aus, an denen die Biker nur schlampig gemalt hatten und das ursprüngliche Rot des Karrens noch zu sehen war. Und Arpad und Lukas hatten sich die Fensterläden vorgenommen, die in kräftigem Rot strahlen sollten.

„Das würde meinen kleinen Brüdern Spaß machen", murmelte Arpad vor sich hin.

„Warum bringst du sie dann nicht mit? Wie viele sind es denn?", wollte Zaz wissen.

Eine wegwerfende Handbewegung war die Antwort. „Im Moment sind es drei. Aber ich wüsste wirklich nicht, wie ich sie hierherbringen könnte. Und wahrscheinlich dürfte ich es auch nicht, sie sind ja noch ziemlich klein."

„Im Moment?" Zaz hielt bei der Malerei inne und sah Arpad an. „Was heißt denn *Im Moment*? Kinder kommen und gehen doch nicht wie Zugvögel!"

„Bei uns schon. Bei uns ist einiges anders." Sein Gesicht sah auf einen Schlag abweisend aus.

„Wo wohnt ihr denn?“ Zaz fand eine Frage nach dem Zuhause ziemlich harmlos.

Offensichtlich war Arpad da anderer Meinung. „Das geht dich nichts an! Warum willst du das denn wissen? In unsere Gegend der Stadt würdest du ganz bestimmt nicht zu Besuch kommen!“

„Ich kenne die Gegend doch gar nicht.“ Zaz fühlte sich zu Unrecht angegriffen. „Was gibt es denn da? Frei laufende Tiger?“

„Schlimmer. Frei laufende Idioten“, erklärte Arpad düster. „Mit denen will man wirklich nichts zu tun haben. Ich verbringe jedenfalls so viel Zeit wie irgend möglich hier im Wald.“

Er machte eine vage Handbewegung, mit der er die Bäume, die Wiese und auch die Pferde umfasste. Sein Feuertanz sah darin wohl eine Aufforderung, näher zu kommen. Er stupste seinen Reiter an, der ihn geistesabwesend an den Ohren kraulte.

„Tut mir leid …“, murmelte Zaz. Wahrscheinlich hatte Arpad recht. Sie hatte keine Ahnung, wovon er redete. Nach einem letzten Pinselstrich trat sie einen Schritt zurück. „Ich glaube, wir sind fertig. Jetzt fehlt nur noch ein cooles Bild, das zu uns passt. Ein bisschen rote Farbe ist ja noch übrig." Sie sah die anderen an. „Kann einer von euch gut zeichnen oder malen? Wer kriegt einen Pferdekopf hin?"

„Ich kann es mal probieren", erklärte Ann-Sophie. „Pferdeköpfe sind ja nicht so wahnsinnig schwer."

Sie nahm einen Pinsel, tauchte ihn in die weiße Farbe und zauberte mit einigen Strichen den Umriss eines Pferdekopfes auf die Seite des Karrens.

„Das ist richtig schön!", stellte Zaz fest. „Aber da fehlt noch was. Wie wäre es mit ein bisschen Mähne?"

Ann-Sophie hielt ihr den Pinsel hin. „Versuch du es doch mal."

Vorsichtig pinselte Zaz ein paar Striche auf den Karren.

Arpad lachte. „Das sieht nach einem magersüchtigen Hühnchen aus, nicht nach einem Pferd!" Er tauchte seinen breiten Pinsel in die weiße Farbe und machte einige schnelle Bewegungen. „So ungefähr müsste das aussehen!"

Überrascht sahen sie den Pferdekopf an. Die paar Pinselstriche von Arpad hatten wirklich eine wilde Mähne an den Pferdekopf gezaubert.

Ann-Sophie sah Arpad ungläubig an. „Das ist richtig gut! Ich wusste gar nicht, dass du so etwas kannst!"
„Ich auch nicht", gestand Arpad. „Gefällt es euch wirklich?"
„Klar, das ändern wir nicht mehr!", rief Zaz. „Das ist echt wild. Das passt zu der Wilden Horde!"
Fee zerrte einen Müllsack nach außen. „Das war der letzte. Ihr müsst euch jetzt mal ansehen, ob innen eine Putzaktion reicht oder ob wir da auch malen müssen. Was gibt es denn hier draußen?"
„Arpad und Ann-Sophie haben einen Pferdekopf auf den Karren gemalt. Sieht richtig cool und wild aus!", erklärte Zaz, während sie hineinkletterte. „Ich glaube, wir müssen nur ordentlich putzen. Und die Kissen und Decken durch die Waschmaschine jagen. Ich mach das in Donneracker, meine Oma hat mir zum Glück gezeigt, wie man die Waschmaschine bedient. Morgen können wir es uns richtig gemütlich machen."
„Davon träumst du wohl!" Lukas lachte. „Wenn ich dich vorhin richtig verstanden habe, dann willst du bei mir Nachhilfe nehmen? Mach dich auf etwas gefasst – das wird anstrengend!"

Zaz grinste. „Nichts kann so wild sein wie der Versuch, in 14 Tagen reiten zu lernen. Ab jetzt wird alles ein Kinderspiel."

„Dann wollen wir mal hoffen, dass das stimmt", murmelte Arpad. „Ich habe da so eine Ahnung, dass wir in diesem Sommer noch so einiges erleben werden."

„Was denn?", wollte Zaz wissen.

„Lasst euch überraschen …"

In der offenen Tür tauchten die Köpfe von Monsun und Feuertanz auf. Fast sah es so aus, als wollten sie mitreden. Monsun wieherte laut, von draußen antworteten Müller, Kronos und Luna leise. Alle gehörten zusammen, das war in diesem Moment ganz klar.

Frei und wild und schnell wie der Wind …
… die Wilde Horde jagt weiter!

Im nächsten Band stößt die Wilde Horde
auf ein Familiengeheimnis,
einer unserer Freunde verschwindet spurlos
und einem der Pferde bricht beinahe das Herz …

Lies einen Auszug aus dem nächsten Abenteuer

DIE WILDE HORDE
Pferdeflüstern

Handwerker dringend gesucht

Während Tine wieder in ihre Pension verschwand, durchwühlte Zaz die Schränke in der Scheune. Nägel und Schrauben, Hammer, Zange, Säge und Schraubenzieher – sie legte alles fein säuberlich auf einen Haufen, den sie dann später in ihren Rucksack packen und mitnehmen wollte. Auf der Suche nach dem Akkuschrauber zog sie mehrere Schubladen einer Kommode auf. Sie öffneten sich ohne Probleme, so als wären sie gestern noch in Gebrauch gewesen. Aber leider fanden sich in den ersten drei Schubladen nur Staub, einige tote Spinnen und kleine braune Krümel, die Zaz für Mäusekot hielt.

„Igitt“, murmelte sie und zog die nächste Lade mit einem Ruck auf. Auch hier kein Akkuschrauber, sondern ein gerahmtes Bild. Neugierig nahm sie es heraus, wischte den Staub vom Glas und sah ein verblasstes Foto. Ein nicht mehr ganz junger Mann lachte sie an, an jeder Hand einen Führstrick mit einem Pferd.

Zaz runzelte die Stirn. Das Gesicht hatte sie schon einmal im Familienalbum gesehen. Ihr Großvater Felix. Er hatte Donneracker gekauft und hier die Pension aufgebaut. Und auch gleich die ersten Pferde angeschafft. Das eine Pferd war schwarz, hatte eine lange Mähne und blitzende Augen. War das etwa Feuertanz? Zaz schüttelte den Kopf. Dann wäre er ja schon uralt. Vielleicht hatte Felix ja selber ein Fohlen gezüchtet. Oder ein weiteres Pferd von derselben Rasse gekauft? Sie musste Tine irgendwann genauer nach den Pferden ihres Großvaters fragen. Er war seit einigen Jahren tot, aber niemand hatte jemals viele Worte über ihn verloren.

Zaz musterte seine lachenden Augen auf dem Foto und spürte ein leises Gefühl von Traurigkeit. Sie hatte ihn nie kennengelernt, aber vielleicht hätte sie einiges von ihm lernen können. Vor allem über Pferde.

Sie strich ein letztes Mal über das Bild, legte es zurück an seinen Platz und sah sich dann noch einmal um. Richtig, da lag der Akkuschrauber auf einem Stuhl. So als hätte er die ganze Zeit darauf gewartet, entdeckt zu werden. Zaz schnappte ihn und drückte versuchsweise auf den Knopf. Kein Ton. Dieses Teil musste sie wohl an eine Steckdose hängen, bevor sie es mitnehmen konnte.

Schnell holte sie den Rucksack aus der Pension, um ihre Schätze zum Wagen zu bringen. Als sie aus der Tür trat, bot sich ihr ein merkwürdiges Bild: Zwei Frauen auf der Wiese vor der Pension streckten einen Apfel auf der flachen Hand aus und versuchten Monsun anzulocken. „Jetzt komm schon her, Pferdchen. Komm!", zwitscherte die eine, während die andere sich langsam in Richtung der grasenden Stute bewegte. Monsun schnaubte nur leise und lief gelassen ein paar Schritte weiter. Gerade weit genug, damit sie nicht angefasst wurde.

Neugierig ging Zaz zu den beiden Frauen. Eine sah auf und winkte ihr zu. „Kennst du dich hier aus? Dieses Pferd muss ausgerissen sein. Es trägt kein Halfter, aber vielleicht können wir es mit dem Apfel anlocken und es folgt uns. Wo kann es nur zu Hause sein?"

„Keine Sorge, alles ist in Ordnung", sagte Zaz mit breitem Lächeln. „Sie trägt nie ein Halfter und gehört hier zu Donneracker. Also ist sie nicht ausgerissen, sondern genau da, wo sie sein soll."

Die beiden sahen sie überrascht an. „Das gibt es nicht", erklärte die eine. „Pferde gehören auf eine Koppel oder in eine Box. Alles andere ist doch gefährlich. Was, wenn dieses Tier nach einem Gast in der Pension tritt?"

„Das tut sie nicht. Sie geht Menschen aus dem Weg. Wenn sie weiter hinter ihr herlaufen, dann verschwindet sie vielleicht im Wald. Aber sie wird ganz bestimmt nicht gefährlich. Sie müssen sich also keine Sorgen machen."

Zaz schwang sich ihren Rucksack auf den Rücken, stellte sich an Monsuns Seite und kletterte halbwegs elegant nach oben. Das Training vom Morgen hatte sich ausgezahlt.

Möglichst freundlich winkte sie den beiden Frauen zu. „Ich mache jetzt einen kleinen Ausritt. Aber vielen Dank, dass Sie sich so sehr um mein Pferd gekümmert haben!" Sie schnalzte leise mit der Zunge und Monsun setzte sich gehorsam in leichten Galopp in Richtung Wald. Zaz grinste. Sie konnte die Blicke der beiden Frauen in ihrem Rücken spüren. Eine Reiterin ohne Sattel und Zaumzeug … Sie erinnerte sich noch allzu deutlich an ihre erste Begegnung mit der Horde. Damals war sie sich nicht sicher gewesen, ob sie ihren Augen trauen konnte.

Am Karren warteten nur Lukas und Fee auf sie.
„Wo sind denn die anderen?“, rief Zaz und sprang von Monsuns Rücken.
„Was ist denn das für eine Frage?“ Lukas rollte mit den Augen. „Die müssen natürlich erst noch eine Runde durch den Wald preschen, bis sie sich hier um unseren Wagen kümmern können.“
Zaz hob den Rucksack vom Rücken. „Ich habe mir immerhin von Tine das nötige Werkzeug ausgeliehen. Damit sollten wir schnell vorwärtskommen. Vielleicht sollten wir erst einmal nachsehen, was es alles zu tun gibt?“
„Okay.“ Lukas nahm den Rucksack, lehnte ihn an den Karren und öffnete die Tür. Sie quietschte laut auf und blockierte.
„Das war doch gestern noch nicht so?“, wunderte sich Zaz.